Friedrich Schorlemmer

Tritt fassen

Friedrich Schorlemmer

Tritt fassen

52 Wochensprüche

KREUZ

© KREUZ VERLAG
In der Verlag Herder GmbH, Freiburg im Breisgau 2010
Alle Rechte vorbehalten
www.kreuz-verlag.de

Originalausgabe

Umschlaggestaltung: Christian Langohr
Umschlagmotiv: © Sandy Rau
Satz: de·te·pe, Aalen
Druck und Bindung: fgb · freiburger graphische betriebe
www.fgb.de

Gedruckt auf umweltfreundlichem, chlorfrei gebleichtem Papier
Printed in Germany

ISBN 978-3-7831-8047-3

Inhalt

Auf ein Wort   9

Auf den Geschmack kommen   13
Das Brot brechen   15
Die Kirche im Dorf lassen   18
Steine in den Weg legen   21
Ins Gebet nehmen   24
Ein Auge zudrücken   27
Die Fahne in den Wind hängen   29
Den Hut ziehen   34
Tomaten auf den Augen haben   36
Die Engel singen hören   37
Am Ball bleiben   40
In die Augen sehen   42
Ein Licht aufstecken   45
Ein Glückspilz sein   47
Aufs Glatteis führen   48
Mit offenen Karten spielen   50
Die Hand reichen   53
Auf dem Teppich bleiben   58
Auf den Hosenboden setzen   61
Schiss haben   63
Auf der Hut sein   66
Dampf ablassen   68

Zwischen den Zeilen lesen	70
Auf die Knie fallen	74
Nichts gebacken kriegen	76
Den richtigen Riecher haben	78
Das Zeitliche segnen	80
Ein Ohr dafür haben	84
Eine Lippe riskieren	86
Abspecken müssen	88
Die Hoffnung nicht fahren lassen	92
Kein Haar krümmen	96
Keinen Finger krummmachen	97
Mut schöpfen	99
Reinen Wein einschenken	101
Die Saat aufgehen sehen	104
Keinen Schaden nehmen an der Seele	107
Seine Nase reinstecken	110
Seinen Weg gehen	111
Sich die Zeit vertreiben	112
Davon kann ich ein Liedlein singen	114
Tritt fassen	119
Nicht alle Hoffnung begraben	120
Die Daumen drücken	124
Einen Piep zeigen	125
Die Welt ertasten	126
Im Auge behalten	129
Auf Eis legen	133
Die Zähne zusammenbeißen	134
Den Stab brechen	136
Vertrauen schenken	139
Zur Quelle gehen	144

Von Kopf bis Fuß – »… mit Herzen, Mund
und Händen« 151

Anmerkungen 159

Auf ein Wort

Zu einer Lesereise durch Alltagserfahrungen sind Sie eingeladen.

Woche für Woche ein Sprachspiel mitspielen: nachdenken, weiterdenken. Hinzufügen, widersprechen und streiten. Sich selber wiedererkennen und gut verstanden fühlen.

Sprachbilder aus unserem Alltag wecken Assoziationen, erzählen Leben, Alltagsleben. Wie Sie auf die Nase gefallen sind, welchen Mist Sie gemacht haben, warum Sie in den Sack gehauen haben oder den kleinen Finger gereicht, den Augenblick eingefangen haben und immer wieder auf den Arm genommen wurden. Achten Sie einfach einmal auf die Fülle unserer bildreichen Redensarten!

Fuß fassen, Zähne zeigen, Hand anlegen, ein Auge zudrücken! So bildhaft-sinnenreich-vieldeutig drücken wir unsere Lebenstätigkeiten und Alltagserfahrungen aus. Mit Redewendungen kommen wir den Wendungen unseres Lebens auf die Spur; viel besser als mit Begriffen erfassen wir selbst das, was schwer zu begreifen ist.

Zweiundfünfzig ganz alltäglich begegnende Redensarten, die bisweilen etwas geradezu Weisheitliches enthalten, werden reflektiert, sehr persönlich und zugleich leicht übertragbar auf andere biographische oder soziale Kontexte. Das Auswahlkriterium: Bildhaftigkeit mit einem Infinitiv.

Also »reinen Wein einschenken«, »eine Lippe riskieren«, »den Hut ziehen«, »fünfe gerade sein lassen«, »Steine aus dem Weg räumen«.

Wie *schwer* ist es, Tritt zu fassen, wie *beglückend*, einander die Hand zu reichen, wie *erfrischend*, endlich aus der Quelle zu schöpfen, wie *wichtig*, auf dem Teppich zu bleiben, wie *herrlich*, auf den Geschmack zu kommen, wie *verständlich*, richtig Schiss zu haben, wie *bedrückend*, immer auf der Hut sein zu müssen, wie *tröstlich*, die Engel singen zu hören, wie *erhellend*, ein Licht aufgesteckt zu bekommen, wie *erfreulich*, das Zeitliche segnen zu können, wie *spannend*, zwischen den Zeilen zu lesen.

Unser Körper zumal erzählt von schmerzlichen wie von schönen Erfahrungen – von der verbrannten Zunge bis zum gestellten Bein, vom Wackeln mit den Ohren bis zum Dampf ablassen und auf die Knie fallen.

Biblische Assoziationen, die weiterführen, vertiefen und erheben, stellen sich wie von ganz allein ein.

Es kommen so *elementare* Dinge wie das Schwimmen, Essen und Trinken, so *existenzielle* wie die Angst, das Sterben, die Hoffnung, die Liebe oder so *kommunikative* wie das Sprechen, Streiten, Beten, das Brotbrechen zur Sprache.

Der sozialpolitische Kontext wird erkennbar, der spirituelle zieht sich durch das ganze Buch hindurch. Aus-Sprechen hilft bestehen, hilft überstehen. »Was heißt hier Siegen? Überstehen ist alles.« (Rilke)

Nun, 52 Wochensprüche für 52 Sonntage im Jahr. Lebensweisen und Lebensweisheiten mitten in den Brüchen unseres Lebens, den erlittenen, den zugefügten. Keine geschlossenen Antworten. Zuversichtlich aufgeworfenes Fragen. Hölderlin lädt ein: »Komm! ins Offene, Freund!«

Also: Beschreibe das Vorgelegte anders und schreibe weiter. Das Deinige.

Nicht gegen die Wand anrennen. Nicht in den Orkus fahren. Nicht auf Grund laufen.

Immer wieder einen Weg sehen. Gegen den Strom schwimmen. Durchaus etwas gebacken kriegen. Und es nicht aufgeben, einander über den Weg zu trauen.

Wittenberg, am Sonntag *Kantate* 2010.

1
Auf den Geschmack kommen

Es gibt Worte, die sind wie Brot, wie Brot und Wein. Sie schmecken und schenken. Sie sind der Geschmack des Lebens. Sie erfüllen das Innerste und geben auf eine eigentümliche Weise Kraft. *Freiheit* ist so ein Wort, noch mehr aber *Freimut*: der Mut zur Freiheit. Die unbefangene Offenheit. Die überwundene Angst. Das geläuterte Selbstbewusstsein. Freimut, umgeben von Demut und Sanftmut. Jedenfalls der Mut, man selbst zu sein, unermüdlich zu trotzen – ohne Trotz und ohne Stolz.

Doch auch *Demut*, das vielleicht wichtigste auf der Liste aussterbender Wörter, kann pervertieren. Martin Luther stellte fest: »Rechte Demut weiß nimmer, dass sie demütig ist; denn wo sie es wüsste, so würde sie hochmütig von dem Ansehen derselben schönen Tugend; sondern sie haftet mit Herz, Mut und allen Sinnen in den geringen Dingen, die hat sie ohn' Unterlass in ihren Augen. Falsche Demut weiß nimmer, dass sie Hochmut ist.« Christian Morgenstern hält die Demut geradezu für einen Schlüssel zur Welt – ohne sie »ist alles Klopfen, Horchen, Spähen umsonst«.

Mut-Worte geben Kraft wie das tägliche Brot. Unsere Welt braucht, wenn sie lebenswürdig weiterbestehen will, viel Demut und für nächste Generationen den Abschied vom dominierenden machtförmigen, alles *ver-*

wertenden Umgang mit der Schöpfung, die immer noch anthropozentrisch Um-Welt genannt wird. Aus Ehrfurcht vor dem Leben. Die bestürzend prophetische Seligpreisung sagt es positiv: »Selig sind die Sanftmütigen, denn sie werden das Erdreich besitzen.« »... oder niemand!«, müssten wir heute hinzufügen. Und so ist Sanftmut – der Mut, sanft zu sein in der von Rücksichtslosigkeit geprägten und kaum in lebensverträglicher Voraussicht bestimmten Welt – eine Überlebensbedingung geworden. *Sperare contra spem* – immer trotzdem hoffen, immer wieder Mut gewinnen, Sanftmut wagen, Demut üben. Denn Mut macht einfach Mut. Und Frei-Mut ist befreiender Mut und befreiter Mut.

Freimut ist ein Wort, das ich brauche – täglich wieder! –, das sich nicht abnutzt, an dem ich mich aufrichte, jetzt, da ich es ausspreche. Ich laufe, ich schleppe mich, ich schlürfe, radle, tanze durch meine Tage, durch die Alltage, die Festtage – in Windstille und Sturmbrausen, in Ödnis und Üppigkeit, im Frühlingsrauschen, in der Sommerfrische, bei betörender Herbstfärbung oder in berückender Wintergrüne. Ich lande immer wieder im Augen-Blick und gewinne Frei-Mut.

Und komme auf den Geschmack der Worte, von denen ich lebe.

Das Brot brechen

In einer Nische der Gertrudenkapelle in Güstrow sitzt »Der lehrende Christus«, eine Holzplastik von Ernst Barlach. Weites Gewand. Die Arme ruhen auf den Oberschenkeln. Beide Hände weit geöffnet, zum Empfangen, zum Austeilen. Eine darlegende, eine offenlegende Geste. Nicht von oben herab Forderndes oder Gebietendes. Der lehrende Christus: die ganze Person in sich ruhend und Ruhe ausstrahlend, beinahe wie eine Buddha-Figur, aber nicht selig, bedürfnislos, in sich versunken, sondern weit sehend und den Näherkommenden einladend zum Gespräch wie auch in die Fülle des Schweigens. Es ist die einladende Geste dessen, der seinen Freunden das Brot bricht und den Becher reicht. Seine Arme sind offen – segnend, betend. »Schmeckt und seht wie freundlich Gott ist.« Und er gibt dann nicht mehr als ein Stück Brot und einen Schluck Wein. Was ist dieser Bissen schon? Brot ist mir doch sonst nur Unterlage für das, was ich eigentlich essen will. Aber nun schmecke ich diesen einen Bissen, zusammen mit seinem Wort und seiner Geste. Brot ist Leben. Ohne Brot: Tod. Und leben ist Hingabe für das Leben. Dieser für mich gebrochene Bissen Brot erinnert mich an meine Bedürftigkeit. Ich genieße ihn. Ich kaue ihn, bis er ganz süß wird. Er erinnert mich an meine Unersättlichkeit, an die Gefahr, in der ich stehe, das Viele zu verschwenden, statt das Wenige zu genießen. Er erinnert mich an den Hunger in einer Welt, die bisher nicht fähig ist, zu teilen und allen die tägliche Ration Brot und frisches Wasser zu gewähren.

Im Empfangen, Teilen, Weitergeben des Wenigen, das alles sein kann, weil's für alle reicht, erinnere ich mich auch an die verführerische Stimme, die mir immer wieder einflüstert, dass die Fülle der Güter die Fülle des Lebens sei. So kann dieser Bissen zum Bissen meiner Wandlung werden. Nimm Brot. Nimm Leben. Gib Leben. Gib Brot weiter. Dieses Kleine, Wenige, Winzige kann alles sein – Fülle des Lebens!

Sehe ich bei allem ehrlich auf mich: wie traurig, wie mutlos, ohnmächtig, auch verbittert bin ich, wie einsam, unverstanden, verletzt. Und doch wieder und wieder fröhlich, zuversichtlich, gelassen, verwundert – aus lauter Gnade, denke ich. Ich habe nur Worte, höre nur Worte, so schön wie vergänglich. Missverstanden, missbraucht sind die größten Worte: *Gott* und *Heil*, *Wahrheit* und *Liebe*, *Freiheit* und *Gerechtigkeit*, *Frieden* und *Glück*. Und doch: Sie richten mich auf, sie trösten mich, sie geben mir Atem. Ich brauche den Zuspruch der Worte, die von ganz weit her kommen und mir ganz nahegehen. *Frieden* zum Beispiel: Im äußeren Frieden lebe ich. Er ist nicht alles, aber ohne ihn ist alles nichts. Alles ist er, wo er mich in meiner Tiefe erreicht. Christus ist mein Friede, der mich innerlich Zerrissenen und uns untereinander Zerrissene heilen kann.

Sein Friede will sich ausbreiten *unter* uns und *durch* uns. Aber zuerst muss er *in* uns kommen, in uns sein, muss unser Sein verwandeln. So haben wir schließlich nichts, und haben doch alles. Haben mehr, als wir je haben können.

Dafür wird das Brot gebrochen und der Becher geteilt.

3
Die Kirche im Dorf lassen

Das sagen wir fast nur noch im übertragenen Sinn, wenn einer einfach über das Ziel hinaus schießt, etwas gänzlich Irreales vorschlägt, wenn's mit ihm einfach mal durchgeht.

Gerhard Schröder hat bei seinem unvergesslichen Aussetzer in der Wahlnacht im September 2005 Angela Merkels Anspruch, zur Kanzlerin gewählt worden zu sein, rüde abgebügelt. Er wollte und konnte das Wahlergebnis einfach nicht wahrhaben. »Glauben Sie im Ernst, dass meine Partei … wir müssen die Kirche doch mal im Dorf lassen!«

Ursprünglich aber geht es bei der »Kirche im Dorf« um den unverwechselbaren, unverzichtbaren, unveräußerlichen – und zu pflegenden – Mittelpunkt einer Stadt oder eines Dorfes. Die Kirche auf dem Marktplatz, neben dem Rathaus, bei dem Fluss oder der Brücke ist auch für diejenigen »unsere Kirche«, die nicht zur Kirche gehören oder die den christlichen Glauben nicht teilen. Kirchen sind in ihrer Schönheit und Einmaligkeit Identifikationsorte, wiewohl sie alle einen bestimmten Stil haben. Sie sind Teil der Identifikation stiftenden Erinnerung – erhalten oder wiederhergestellt nach Feuersbrünsten oder kriegerischen Zerstörungen.

Man denke an den emotionalen Wert der Dresdner Frauenkirche und der Kreuzkirche, an den Dom zu Münster oder die Marienkirche in Kiel – aufwändig wiederaufgebaut, Wahr-Zeichen (!) der Städte. Der Petersdom, der Kölner Dom, der Michel, Notre-Dame, St. Paul's, der Stephansdom. Und genauso gilt es für Dorfkirchen, dass sie alle Einwohner verbinden, Heimat sind. Um die Kirche (mit Friedhof) herum reihen sich traditionell die Wohnhäuser, oft ganz nahe bei der Schule, nicht weit weg von der Kneipe. Wo eine Kirche verwahrlost ist oder gar verfällt, wirkt das auf das ganze Dorf zurück. Und deshalb ist es aller Mühe wert, sie zu erhalten und in ihr möglichst auch etwas zu tun und zu gestalten, was ihrem Geist entspricht. Kultus und Kultur hängen zusammen, sie verwiesen aufeinander. Und Glocken dürfen nicht fehlen, am besten ist's, wenn auch die Orgel spielbar bleibt.

Wie aber werden die Kirchen wieder Lebensorte für mehr Menschen, die sich darin zuhause fühlen, die diese Räume als besondere Orte des Feierns und des Klagens, der Orientierung und der Ermutigung, der Meditation und der Gemeinschaft, der Stille und der Musik erfahren? Sie stehen bereit als bevorzugte Räume der Selbstklärung und der Selbststärkung, der Erneuerung (also *Katharsis*) durch Schuldeingeständnis und eines Zuspruchs, über die ein Mensch nicht verfügen kann. Als solche besonderen Räume werden sie aufgesucht und sind dann erfüllt und durchwirkt von dem, was in ihnen geschieht. Oder sie werden leblos, auch innerlich leer, verfallen vor aller Augen, sind funktionslos geworden.

Wir bleiben Menschen, wenn und wo wir neben dem täglichen Brot auch Nahrung für die Seele bekommen. In der Kirche wird Brot geteilt, Brot für die Seele. Es wird geteilt, ausgeteilt – und gesammelt für andere, mit »Brot für die Welt« und für »Misereor«.

Lasst doch bitte überall die Kirche im Dorf. Spätere Generationen werden's euch sehr danken.

Steine in den Weg legen

Es gibt Leute, die haben Lust, anderen Steine in den Weg zu legen – weil sie schwer ertragen können, sie gut weiterkommen zu sehen. Da herrscht eine Gemengelage aus Konkurrenz, Neid, Rache und Bösartigkeit.

Ich erinnere mich: als jene Drohung, mir nach einem unerquicklichen Streit noch genug Steine in den Weg legen zu wollen, nicht wahrgemacht wurde – oder werden konnte –, da fiel mir geradezu ein Stein vom Herzen. Ich war so erleichtert, alle Bedrückung war weg. Ich konnte wieder frei atmen. Ich hatte Boden unter den Füßen und der Weg lag unbeschwert vor mir. Kein Knüppel, keine Steine, keine bösen Worte. Und ich habe mir geschworen, nie jemandem Steine in den Weg zu werfen, auch wenn er es noch so sehr verdient hätte …

In totalitären Systemen wird man leicht mitschuldig daran, dass anderen – Angehörigen oder Freunden – Steine in den Weg zu einer höheren Schule, zu einem begehrten Studienplatz oder zu einem beruflichen Aufstieg gelegt werden. Bloß weil man selber den Gleichschritt verweigert hat, eine geforderte Unterschrift unter eine Resolution nicht geleistet, ein offenes Wort riskiert, einen politischen Witz gerissen, die Beteiligung an einer

(Schein-)Wahl unterlassen, die Mitgliedschaft in einer gesellschaftlichen Organisation gekündigt, ein verbotenes Buch weitergegeben hat. Da gibt es erbarmungslose Sippenhaft. So bleiben Kinder wegen ihrer Eltern brav und Eltern wegen ihrer Kinder still, der Bruder für die Schwester unfrei – um den jeweils anderen nicht unfreier zu machen. Eine bedrückende Atmosphäre. Man muss viel Rücksicht nehmen, muss sich manche Selbstbeschränkung auferlegen, schwierige Kompromisse eingehen; bis man kaum noch zwischen Feigheit und Vorsicht unterscheiden kann.

Es war wohl mehr und anderes als ein Zufall, dass der in der Predigtreihe für den Reformationstag am 31.10.1989 vorgesehene Text lautete:

Gehet ein, gehet ein durch die Tore!
Bereitet dem Volk den Weg!
Machet Bahn, machet Bahn,
räumt die Steine hinweg!
Richtet ein Zeichen auf für die Völker.
Jesaja 62,10

Und so legten wir in diesem bewegten Herbst im Gottesdienst große Steine aus Pappkarton auf und in den Weg, um symbolisch zu zeigen, wie sie unser Leben beschwerten: die Flugasche und die Stasi, die Mauer und die Gülle, die Bevormundung und das Strafgesetzbuch, die Gier und den Schießbefehl, die Angst und das Misstrauen.

Und dann bauten wir aus diesen Steinen ein Tor, aus dem der Prophet in langem weißem Gewand trat und von einer Schriftrolle jenen befreienden Text (Jes. 62, 6–12) sprach. Es ist unvergesslich. Wir hatten die Mauer im Innern durchbrochen, ehe neun Tage später das Betonmonstrum in Berlin vor aller Augen durchbrochen wurde. Friedlich, aber entschlossen.

Einige Steine sind nach gut 20 Jahren noch wegzuräumen, andere sind hinzugekommen. Wer in einer freiheitlichen und pluralistischen Gesellschaft mit funktionierender Gewaltenteilung lebt, hat eine Pflicht, für deren Erhalt zu wirken, will er nicht (wieder) eine repressive, staatliche Steinewerferei auf den Lebensweg vieler Einzelner. Die persönlichen Gemeinheiten reichen schon; aber denen kann man auch leichter aus dem Wege gehen. Andern keine Steine in den Weg legen – wohl aber denen den Weg verbauen, die wieder eine autoritäre Gesellschaft, gar eine neonazistische wollen.

Wir haben ja Übung darin, in den Weg gelegte Steine wegzuräumen!

5 Ins Gebet nehmen

So weit ist es gekommen, dass man jemandem mit dieser fatalen Rede-Wendung drohen kann. Ihn also scharf befragen, intensiv aushorchen, deutlich verurteilen, erbarmungslos bloßstellen, gewissensbeschwerend beschimpfen, »in die Zange nehmend« fertigmachen kann. Keiner sollte einen anderen »ins Gebet nehmen«, das Gebet als ein drückendes, gar unterdrückendes Herrschaftsinstrument missbrauchend.

Dabei ist Beten doch etwas so wunderbar Entlastendes. Weil der Betende so filterlos wie nie sonst denken und reden darf, alles ganz ehrlich, ganz ungeschminkt offenlegen kann, Verborgenes, Verschwiegenes, Verdecktes zu benennen sich traut, ohne Angst zu haben. Einfach dies: intensiv nachdenken, innig vertrauen.

Wie konnte es bloß dazu kommen, dass »Gebet« zu etwas Bedrohlichem wird, ein Ausdruck für Abmahnen, Abstrafen, Unter-Druck-Setzen, Anklagen, ein Schlechtes-Gewissen-Machen? Damit wird ja das Defizitäre in uns verstärkt, statt uns stärker zu machen, um mit unserem Ungenügen fertigzuwerden, eine Fehlleistung zu korrigieren, einen neuen Anlauf zu nehmen.

Wie anders dagegen, jemanden in sein Gebet aufzunehmen, inständig für ihn oder sie zu bitten, auf intensivste Weise beim andern zu sein – und so seine Einsamkeit zu durchbrechen, seine Angst zu lindern, sein Leiden zu teilen, seine Hoffnung zu bestärken. Die Für-Bitte ist – nach der Liebe! – das beglückendste Nahesein, das wir anderen schenken können. So oft habe ich erfahren, habe ermutigend gespürt, welche Kraft das Gebet hat – über Abgründe, Verzweiflungen und Unsicherheiten hinweg.

Beten: beim ganz Anderen sein und ganz beim andern sein. Konzentriert in sich gehen, Gewissheit suchen, Ängste besänftigen, eigenes Tun prüfen, Vergebung erbitten, neue Orientierung erhoffen. Beten, das ist Singen und Weinen, Wimmern und Schreien, Flüstern und Anrufen, Pfeifen und Tanzen, Bitten und Betteln, Jauchzen und Springen. Ganz, ganz still werden. Und ganz, ganz außer sich sein vor Glück. Es ist Niederknien und Aufrecht-Stehen. »Wandle vor mir und sei ganz«, wird dem Abraham gesagt. Beten kommt von innen, geht nach innen und hilft, das Außen zu bestehen. Im Beten wird die ganze Expressivität des Lebens spürbar und hörbar.

Ich gestehe: Ich bete zu wenig. Ich geh darin zu wenig aus mir heraus. Ich nehm mir zu wenig Zeit. Dabei hab ich doch wieder und wieder erfahren, wie gut es tut, auf unerklärliche Weise einfach guttut.

In einer wunderbar poetischen und sinnlich geerdeten Sprache besingt der Psalm 139 das Umfangensein des Menschen, eine befreiende Nähe, nicht ein bedrückendes Umklammertsein! Nicht der drohende »liebe« Gott wird da beschworen, der alles mit einem strafenden Auge sieht, sondern einer, der auffängt und umfängt, indem er mich und dich erkennt und uns so aus unserer unüberwindbaren Einsamkeit erlöst. Ein Gott, der mich kennt und versteht, auch das Verborgene, ja mein unglücklich gewähltes Wort, selbst das, das noch auf meiner Zunge liegt ... Flucht ist nicht möglich – zu meinem Glück nicht möglich! –, da er immer bei mir, in mir und um mich ist, jener Unsagbare.

> *Herr, du erforschest mich*
> *Und kennest mich.*
> *Ich sitze oder stehe auf, so weißt du es;*
> *Du verstehst meine Gedanken von ferne.*
> *Ich gehe oder liege, so bist du um mich*
> *Und siehst alle meine Wege.*
> Psalm 139,1–3

Ich halte die Todesanzeige eines 50-jährigen Arztes in Händen. Er hatte nicht mehr aus noch ein gewusst und Hand an sich gelegt. In einem Abschiedsbrief bat er darum, dass die Hinterbliebenen dieses Wort aus Psalm 139 auf sein Grab schreiben mögen: »Von allen Seiten umgibst du mich und hältst deine Hand über mir.« (Psalm 139,5)

Nimm niemanden ins Gebet. Aber schließ ihn ins Gebet ein: mitfühlend und fürbittend. Freundlich und zuversichtlich. Gründe zum Danken suchend.
Der liebe Gott sieht alles.
Darum hab keine Angst.
Denn er sieht dich mit den Augen der Liebe.

Ein Auge zudrücken

Gnade im Alltag erleben: Da wird einmal nicht scharf hingesehen und nicht nach der geltenden Regel, also regelgerecht geurteilt, sondern einfach der Fauxpas übersehen, die Fehlleistung nicht in Rechnung gestellt, die behände Ausrede nicht der kleinen Lüge überführt, die vergessene BahnCard vom Schaffner geglaubt, die Geschwindigkeitsüberschreitung ganz am Ende der Ortschaft mal durchgehen gelassen, die Unachtsamkeit bei der Steuererklärung straflos hingenommen, das Schielen ins Heft des Nachbarn beim Diktat nicht bewertet.

Nicht »Augen zu und durch«, sondern mit einem leicht und kurz geschlossenen Auge kleine Nachsicht üben. Das wirkt weit mehr als Strafe, sofern du das Unrechtmäßige, das Unangemessene und Unangebrachte deines Verhaltens erkannt hast. Wir leben doch schließlich von befreiender Freundlichkeit, nicht von starrer Regelerfüllung. Die Regel behält ihre Geltung, aber so wird sie nicht zum tötenden Gesetz. Sie soll doch Leben regeln und nicht abwürgen. Vorschriften mögen ihren Sinn haben und brauchen allgemeine Gültigkeit. Aber zum wirklichen Leben gehören auch Menschen, die einmal freundlich ein Auge kurz zudrücken. Irgendwie leben wir alle von ein wenig Großzügigkeit, von freundlichem

Nachsehen, vom Lächeln der Gestrengen. Wer dies nie erlebt hat, der wird meist selber hart.

Es tut doch so gut, freundlich zu sein. Oder?

Beim Evangelisten Johannes steht die mich berührendste Geschichte der Bibel. Eine Frau, beim Ehebruch ertappt, soll von Männern nach der geltenden Regel gesteinigt werden. Was sagt der stets vergebungsbereite Jesus dazu? Wird er zum Gesetzesbruch aufrufen? Dann ist er selber dran.

Jesus aber ist ganz still und fragt sodann die steinbewehrten Männer: »Wer von euch ohne Sünde ist, der werfe den ersten Stein«, und dann schaut er nach unten, malt in den Sand, bis sich einer nach dem anderen still aus dem Staub gemacht hat.

Die Delinquentin bleibt allein zurück. Er verurteilt sie nicht; er mutet und traut ihr zu, dass sie ihren Lebenswandel ändert. Ohne weitere Auflagen lässt er sie gehen.

Eine andere biblische Provokation: Der Vater, der bei seinem irregelaufenen, völlig aus der Bahn gerissenen und nun völlig abgerissen zurückkehrenden Sohn nicht etwa nur ein Auge zudrückt, sondern die Arme weit aufmacht. Nicht Strafe für den weggelaufenen und in selbstverschuldetes Unglück geratenen Sohn dominiert, sondern die Freude über sein Zurückkehren, sein Umkehren und Wiederkommen!

Manchmal tut's schon ein ganz kleines Auge-Zudrücken. Besonders all denen gegenüber, die schwächer sind als wir.

Die Fahne in den Wind hängen

Es gibt Zeitgenossen, die haben eine feine Nase, die wittern instinktiv früher als andere, woher der Wind weht, die spüren das Säuseln lange vor dem Sturm, die wissen gut mit dem Wind zu segeln … Kurz bevor der Wind sich dreht, da haben sie schon gewendet.

Sie wissen sich stets gut darzustellen und sichern sich behände ihren Vorteil. Auch tragen sie Meinungen wie Moden und sehen immer ganz schick und arglos aus. Sie beteuern lächelnd, sie gingen »eben mit der Zeit«. Immer obenauf und vornean. Sie wissen, bei wem sie sich einschmeicheln und wen sie wann besser meiden sollten.

Und dann haben sie nicht nur Biss, sondern auch scharfe Zähne. Dabei erscheinen sie verbindlich oder sehr geschmeidig. Eine große Schnauze haben sie, solange sie mit der Mehrheit bei der Mehrheit sind. Sie werden ganz kleinlaut und feige, sowie es einmal nur auf sie selbst ankommt und sie ganz auf sich gestellt sind. Am schlimmsten ist es bei Windstille. Dann wissen sie gar nicht mehr, was los ist.

Auf den Kirchtürmen thronen Wetterhähne, die drehen sich immer nach dem Wind. Der Hahn ist auch ein Symbol für den Verrat des Petrus in entscheidender Stunde, als er, zur Rede gestellt, nicht zu dem steht, was er ist und denkt und zu wem er gehört. Aus verständlicher Angst.

Und es gibt auch Menschen, die schuldbeladen sind und sich späterhin wirklich im Innersten gewandelt haben. Sie müssen meist damit leben, dass andere ihnen nie verzeihen (können), wer sie einmal waren und was sie früher getan haben, ohne bereit zu sein, darauf zu sehen, wer sie jetzt sind.

»Junge, ich hab Leute sich ändern sehn, Junge, das war manchmal schon nicht mehr schön«, sang Wolf Biermann über einen SED-Staatsanwalt, der Fredi Rohsmeisl wegen seines »Auseinandertanzens« verurteilt hatte, und nun muss Fredi eine Weile nach seiner Verurteilung mitansehen, wie der Herr Staatsanwalt selber auseinandertanzt.

Als 14-Jähriger habe ich mir – als Einziger in der Schule, der nicht das blaue Hemd der FDJ trug – vorgestellt, wie sich alle braven Mitläufer und auch die vom Welterlösungssystem sowjetischer Prägung, die sogenannten Überzeugten rausreden würden, »wenn es einmal anders käme«. Ich sah sie vor mir. Ich kannte bereits als Jugendlicher all ihre nachholend rechtfertigenden Begründungen: dass man halt immer musste, dass man nicht anders konnte und dass man das damals noch nicht so hat sehen können; dass das auch eigentlich eine gute Sache war und dass man es doch nur gut gemeint habe und dass es doch alle gemacht hätten und dass man sonst eingesperrt oder gar umgebracht worden wäre ...

Dreißig Jahre später wurden diese meine jugendlichen Fantasien Wirklichkeit und ich sollte es erleben: Ab

Mitte Oktober 1989 besuchte mich gar der Kreisstaatsanwalt in meiner Wohnung, um mit mir rechtsstaatliche Verfahrensweisen zu besprechen und sie einzuführen. Kurz nach dem 9. November 1989 fuhr er zusammen mit dem Gemeindekirchenratsvorsitzenden Dr. Friedemann Ehrig, dem Direktor des evangelischen Krankenhauses Dr. Gerhard Opitz und mir in die Kreisdienststelle der Stasi, um die Verbringung und die Vernichtung der dortigen Akten zu stoppen. Sollte die Zusammenarbeit mit uns ihn jetzt reinwaschen? Stand da plötzlich der Staatsanwalt *über* der Stasi, und waren wir mit einem Mal die wahren Repräsentanten des Volkes und seines Rufes nach Recht und Gerechtigkeit?

Einen gewaltig gewaltlosen, einen friedlichen Umbruch der gesellschaftlichen Verhältnisse haben wir erlebt. Die ganze Gesellschaft, jeder Einzelne musste sich neu orientieren und sortieren. Und die meisten versuchten, sich einfach dem neuen System an- und einzupassen und für sich das Beste rauszuholen. Sie spürten sehr bald, woher jetzt der Wind wehte. Er blähte die Fahne der deutschen Einheit.

Manche Nutznießer des untergegangenen Systems schwimmen wieder wie Fettaugen auf der Suppe des Gegenwärtigen. Mancher einst tapfere Schweiger konnte sein Maul gar nicht weit genug aufreißen und machte Tabula rasa, als ob er selber gar nicht gelebt hätte, als ob das System nicht auch von ihm, dem Braven, und von den vielen anderen sehr Braven gelebt hätte, die ihr »Nein« zuhause gesagt haben wollen. Und ich war plötzlich der

»Versöhner vom Dienst«, wie Günter Kunert es ausdrückte, oder »das sanft vergebende Fleisch von Wittenberg«, wie Erich Loest meinte. Oh ihr beiden hochzuschätzenden Schriftsteller-Altgenossen: Ich war nie auf eurer richtigen Seite, aber ich achte eure frühzeitige Wandlung sehr! Bitte unterscheidet auch heute zwischen denen, die die Fahnen nur in den Wind hängen, und denen, die sich wirklich wandeln. Später als ihr. Aber deshalb unehrlich?

Ich jedenfalls wollte – und will – Wandlung anerkennen und annehmen, ehrliche Selbstauseinandersetzung honoriert sehen, eingestandene Irrtümer erledigt sein lassen, abgetragene Schuld schließlich auch vergessen machen. Aber nie will ich vergessen, wie Menschen werden, wenn die Fahnen im Wind einer einzigen Richtung hängen und wenn alle den Fahnen hinterhertrotten, den gefürchteten Mächtigen auf den Tribünen zulächelnd.

In der Demokratie nun erlebe ich viel Wetterwendisches, das sich als Zeitgeist tarnt, als modern daherkommt, sich als flexibles Eingehen und Sich-Einstellen auf Entwicklungen geriert, die »man sowieso nicht aufhalten kann«. Fahnen mögen in jedem Wind, in jeder Richtung flattern. Aber der Mensch ist eben kein Fähnlein und soll sich nie dazu machen lassen.

Und übrigens: Lieber eine Fahne haben, als eine sein. Und nie eine falsche tragen. Dann lieber gar keine. Wisst ihr Ostdeutschen noch, was da alles gesungen wurde, von euch? »Ich trage eine Fahne, und diese Fahne ist rot. Es ist die Arbeiterfahne, die Vater trug durch die Not.«

Erst war es die Krakenfahne, dann die Fahne mit Hammer und Sichel auf zerstörtem Reichstag. – Und doch gibt es eine Fahne, die trüge ich mit meinen Enkeln gern auf einer Friedensdemonstration zwischen Siegessäule und Brandenburger Tor: die mit dem Emblem »Schwerter zu Pflugscharen«.

8 Den Hut ziehen

Ob es noch altmodisch ist oder schon wieder modern: Ich habe jedenfalls einen Hut. Den trage ich selten, aber dann nicht nur gern – ich ziehe ihn auch, vor anderen, und im wörtlichen wie im übertragenen Sinn. Ich ziehe den Hut vor anderen: aus Respekt, Bewunderung, Hochachtung.

Vor der Lebensleistung einer Mutter von sieben Kindern, in kargen Zeiten mit so unendlichen täglichen Mühen, immer in Sorge und Fürsorge, jedem Einzelnen, jedem einzeln Zuwendung schenkend, viel zu früh loslassen und heimgehen müssend.

Vor meiner eigenen Mutter.

Vor dem neunzigjährigen, so wachen und neugierigen, so jung und lernbereit gebliebenen, so dankbar und bescheidenen, so selbstkritischen und selbstgewissen, so klar denkenden und so tief glaubenden Bundespräsidenten.

Vor meinem Präsidenten.

Vor einer jungen Frau, die heute Beruf und Kinder unter einen Hut (!) bringt, die wieder und wieder einen Job sucht und nur einen auf Zeit findet, die sich auf alle Unsicherheiten einlässt und nicht mürrisch wird, die praktisches Leben und wissenschaftliches Denken zusammenhält und zusammenbringt, wie das fast nur Frauen können.

Vor meiner Tochter.

Und ich ziehe überrascht den Hut: »... von dem hätte ich das gar nicht erwartet!« Chapeau! Dass *der* so viel Mut hat. Und Kenntnisse: Sachkenntnis und Menschenkenntnis. Das rechte Maß, den rechten Ton zur rechten Zeit hat er gefunden. Hut ab!

Den Hut ziehen: angenehm enttäuscht sein, das Vorurteil begraben, neidlos anerkennen, was der andere kann. Und die andere natürlich. Das alles tut gut.

Dabei hatte es bei ihm doch gar nicht so gut ausgesehen. Gerade *der* bewies Zivilcourage. Wo alle sich abduckten und schwiegen, da hat er geredet. Deutlich, ohne verzerrte Züge.

Da kannst du einfach nur den Hut ziehen.

Vor allem einer, der »den Hut aufhat«, mag stets schauen, vor wem er ihn ziehen kann. Ohne Herablassung und ohne Ironie. Anerkennend, nicht konkurrierend. Das bricht ihm wirklich keinen Zacken aus der Krone, falls er einer solchen bedarf – und er sich vielleicht doch nicht ganz mit dem Hut zufriedengeben will.

Übrigens: Frauen ziehen es vor, den Hut nicht zu ziehen. Vor wem auch?

Tomaten auf den Augen haben

Das ist vielleicht peinlich, wenn du nicht siehst, was so deutlich vor deinen Augen liegt. Da bist du begriffsstutzig. Siehst den Wald vor lauter Bäumen nicht.

Da übersiehst du, was du jetzt tun müsstest.

Da merkst du nicht, wie verliebt er oder sie dich anblitzt.

Da verpasst du deine Lebenschance.

Da begreifst du das Einfachste nicht.

Da bist du bald schlimmer dran als ein Blinder, denn der Blinde weiß, wie er auch ohne Augen sehen kann. Aber du mit deinen Tomaten auf den Augen, du tappst nur ungeschickt durchs Leben.

Und da siehst du ganz schön blöd aus. Da stehst du ganz schön blöd da. Entschuldigungen nützen dir nichts.

Nur weg mit den Tomaten von den Augen.
Nur Mut, zu sehen, was ist.
Und es nicht so lassen, wie es ist.

Die Engel singen hören

Der an sich und der Welt verzweifelnde Faust in Goethes Drama hört just in dem Moment, da er die Phiole mit dem tödlichen Gift zum Trinken ansetzt, »die Engel singen«: *Christ ist erstanden!* (Dabei ist es nur ein Kinderchor von ferne.) Dann ertönt Himmelsgeläute. (Dabei sind es junge, rohe Kerle, die an den langen Glockenseilen vergnügt hoch- und runterspringen, kräftig ziehend und beglückt loslassend.) Und »die Erde hat [ihn] wieder«, diesen Grübler, den alle unbeantworteten, unbeantwortbaren existenziellen Fragen übermannen.

Weil die Engel gesungen haben, geht Faust den letzten suizidalen Schritt eben nicht. Er versucht es weiter mit sich und der Welt und dem Leben, und erst einmal geht er daran, die Heilige Schrift in sein geliebtes Deutsch zu übertragen. Er kommt nicht ans Ende damit, muss sich mit der Unvollkommenheit begnügen lernen. Mit der intellektuellen, der menschlichen, der sozialen.

»Fürchte dich nicht, ich bin bei dir« – diese achtstimmige Motette von Johann Sebastian Bach, gesungen vom Thomanerchor, geht mir nicht mehr aus dem Ohr. Ich habe sie wieder und wieder und wieder gehört, als die Angst mich umzubringen drohte, wenn sie mich einfach überfällt, die Urangst, die zur Erstarrung bringende und alles Leben düster durchsetzende Angst. Dieses so Ungreifbare und zugleich so ungeheuer Schmerzhafte, verbunden mit Atemnot und Magenschmerzen. Als ich mich vor Jahren ganz am Ende fühlte und selber »gehen« wollte, hörte ich auf eine wundersame Weise die Engel singen (es war auch bei mir ein Kinderchor), die reinen Knabenstimmen der Thomaner auf einer CD: so sanft und stark, so lieblich und so innig, so tröstlich wie ein zartes Streicheln über den Kopf und so kräftig wie kräftigend. »Fürchte dich nicht ...«

Und schließlich: Mit 39 Jahren – im Jahr 1983 – erlebte ich in einer äußerst angespannten Situation einen Kreislaufzusammenbruch. Ich dämmerte wohlig hinüber, das Herz schlug nur noch ganz schwach. Es war ein sanftes Hinübergleiten mit ganz leisen, sphärischen Klängen. So schön ist gnädiges Sterben, ein engelsches Hineingleiten ins glückhafte Nicht-Sein, ins geheimnisvolle Neu-Sein. Da haben mir die Engel gesungen.

Dann begann die Ärztin – meine Frau damals – mit Wiederbelebungstechniken. Ganz behutsam, ganz beherzt. Ich kam zurück. Ich war wieder da. Aber ich hatte die Engel singen hören. Wie noch nie und wie noch nie wieder. So möchte ich sie hören, wenn ich mein Leben aushauche.

Fünfundzwanzig Jahre später höre ich himmlische Musik von Arvo Pärt. Einfacher, schlichter, tiefgründiger geht's nimmer. Das werd ich auch im Himmel hören wollen. Für meine Erdentage behalt ich immer im Ohr, was Johann Franck gedichtet und, natürlich, Johann Sebastian Bach in Musik gefasst hat: »… trotz dem alten Drachen, trotz dem Todesrachen, trotz der Furcht dazu … Ich steh hier und singe in gar sich'rer Ruh.«

Am Ball bleiben

Was du wirklich willst, das gibst du nicht einfach auf, wenn Gegenwind kommt, wenn dir Steine in den Weg oder Knüppel zwischen die Beine geworfen werden, wenn die anderen, deine Gegner und Konkurrenten so viel stärker sind, wenn du noch und noch das Nachsehen hast: Immer am Ball bleiben!

Wofür du dich mit anderen einsetzt, für welche Ziele du kämpfst, dafür stehst du auch ein. Die anderen sollen sich auf dich verlassen können. Und du dich auf sie. Pausen einlegen. Abwarten. Erneut bedenken: Strategie und Taktik, das große Ziel und die kleinen Schritte. Du weißt doch: Strategie reicht nicht, und kleine Schritte auch nicht, sondern nur mit beidem zusammen kommt man zum Ziel.

Wenn es also um die Umwelt geht, dann um den Erhalt der Baumalleen und um den Baum vor der Tür, um die Erhaltung der noch naturbelassenen Elblandschaft, um das teure Solardach auf dem Haus, um die schwere Aussöhnung mit den schwierigen Gegner, um gerechten und auskömmlichen Lohn für die Arbeit, die einer tut.
    Immer am Ball bleiben.
    Aber auch Pause machen.

Ruhig durchdenken, Kraft schöpfen in der Stille.
Dann wieder an den Ball rankommen und schließlich am Ball bleiben. Mit Ausdauer, geduldig, geschickt. Das gesteckte Ziel erreichen – endlich einmal ein Tor machen oder gar das längst verloren gegebene Spiel gewinnen. Es gibt doch Wunder. Oder? Und es gibt viel zu tun, bis das Wunder geschieht.

In die Augen sehen
12

»Ich möchte dir immer in die Augen sehen können« – und deshalb tue ich nichts hinter deinem Rücken, tue ich nichts Geheimes oder gar Gemeines gegen dich. Deshalb überliste ich dich nicht, will ich dir gegenüber nichts verstecken. Immer möchte ich dir offen begegnen können. Denn die Augen sagen doch sowieso alles … Sowie einer die Unbefangenheit gegenüber dem anderen verliert, kann er ihm nicht mehr frei gegenüberstehen und offen ins Gesicht sehen.

Wieso sprechen Augen eigentlich? Wieso können die Augen so wenig verbergen, was sie sagen möchten? »Deine Augen erzählen mir alles. Sag kein Wort.« Liebende und von Herzen Befreundete brauchen sich nur in die Augen zu sehen und wissen Bescheid, wie es in dem andern aussieht. »Und sagte kein einziges Wort«, nennt Heinrich Böll einen Beziehungsroman, der in der unmittelbaren Nachkriegszeit spielt.

Wir können mit den Augen blitzen, giften, lachen, weinen und begeistert sein, verdüstert und helle, ganz trübe und ganz wach, erloschen und so lebendig, tieftraurig und hochbeglückt. Einzig mit unseren Augen. So sagt es Gottfried Keller:

Augen, meine lieben Fensterlein,
Gebt mir schon so lange holden Schein.
Lasset freundlich Bild um Bild herein:
Einmal werdet ihre verdunkelt sein!

Es ist schön, mit leuchtenden Augen in leuchtende Augen zu sehen. Es ist schön, das Augenlicht zu haben, schon allein der Farben wegen; mit dem Auge wahrnehmen, was ist, alles in Augenschein nehmen – und dabei doch unendlich viel mehr sehen, als mit dem bloßen Auge zu sehen ist.

Die Redewendung, »der liebe Gott sieht alles«, kann als eine bedrohliche pädagogische Warnung gehört, aber auch als eine tröstliche Allgegenwart verstanden werden. Das Auge Gottes, jenes geheimnisvolle Dreieck über vielen Altären sagt uns, dass er uns sieht, uns ansieht, dass wir bei ihm Angesehene sind. Martin Luther nennt die Menschen die »Schönen Gottes«. Im Jahr 1518 stellt er fest: Wir werden von Gott nicht angesehen, weil wir schön sind. Wir sind schön, weil wir angesehen werden.

Zugleich *kann* sie nie mehr verleugnet, *darf* sie nie verdrängt werden, diese andere Seite, die in uns lauert, das verdunkelte Auge, der verdunkelte Mensch.

Heute, am 11.04.2010, dem 65. Jahrestag der Befreiung des Konzentrationslagers Buchenwald, erinnere ich mich an eine überlieferte Begegnung, die »Anekdote« zu nennen sich verbietet. Mir geht das nicht aus dem Sinn:

Ein KZ-Häftling steht einem Wachoffizier der SS gegenüber. Dieser hat ein Glasauge. In scharfem Ton fordert er den Häftling auf, ihm doch zu sagen, welches seiner Augen das gesunde und welches das eingesetzte sei. Der Häftling sagt: »Das linke Auge ist aus Glas.« Verblüfft fragt der SS-Mann: »Wie hast du das rausgekriegt?« – Antwort: »Weil es so menschlich ist.«

13 Ein Licht aufstecken

Mir haben andere – solange ich denken kann – ein Licht aufgesteckt, mich auf eine Idee gebracht, in mir eine Hoffnung bestärkt, mir ein Ziel schmackhaft gemacht, mir eine Erkenntnis ermöglicht. Es ist schön, in seinem Leben Lehrer gehabt zu haben. Es ist schön, Eltern gehabt zu haben, die einem ein Licht aufgesteckt haben, bevor das ihre erloschen ist. Wo ich nichts als Dunkel und Dunkles sah, haben sie mir eine Wegzehrung Licht gegeben.

Auch im wörtlichen Sinne: Als es bei uns nach 1945 auf dem altmärkischen Dorf noch nirgendwo eine Straßenbeleuchtung gab, auch nicht in meiner kleinen Heimatstadt Werben an der Elbe, da habe ich meinen Weg zu Freunden oder zur winterlichen Kirche am Heiligen Abend mit einer Stalllaterne erleuchtet, Schritt für Schritt. Ich verstand zu gut, was der Psalm meint: »Der Herr ist meines Fußes Leuchte und ein Licht auf meinem Wege.« (Psalm 119,105) Die Laterne, eine Stalllaterne mit Stock, hat mir heimgeleuchtet. Und die über zwei Jahre lang fast allnächtlich mit meinem Freund Christof geführten Gespräche bei Kerzenschein haben mir ein Licht der Erkenntnis aufgesteckt. Später dann hatte ich bisweilen das schöne Gefühl, als Pfarrer anderen, die heranwuchsen, ein Licht aufstecken zu können.

Lichter und Leuchttürme: Mein Vater vertraute mir das Buch von Wolfgang Leonhard »Die Revolution entlässt ihre Kinder« ebenso zum Lesen an wie Helmut Gollwitzers Gefangenschaftstagebuch aus der Sowjetunion: »und führen, wohin Du nicht willst«. Ich wusste, dass ich das niemandem erzählen durfte. Mit 16 Jahren las ich Wolfgang Borchert und Dietrich Bonhoeffer. All das hat mich lebenslang begleitet und orientiert.

Versuchen wir nur immer, anderen ein Licht aufzustecken.
   Leuchten *werden* sie selber – *müssen* sie schon selber.

14
Ein Glückspilz sein

Ein Glückspilz – was ist das? Plötzlich einen wunderbaren, riesigen Steinpilz entdecken, richtig majestätisch, kräftig und schön. Und ohne Würmer. Und wirklich kein Bitterling, sondern ein Edelpilz. Nach stundenlanger Suche im Wald. Dann dieser eine Pilz, über Nacht gewachsen. Im taufrischen Morgen grüßt er dich, als habe er auf dich gewartet.

Die schöne Überraschung macht ihn zu einem Glück. Das ist nicht zu berechnen. Das ist nie zu berechnen. Es ist einfach da – oder es bleibt einfach aus.

Da gewinnst du den Ausscheid unter zwanzig Bewerbern.

Du findest genau den Menschen, der zu dir passt und der dir guttut.

Da liegt ein Goldklumpen auf deinem Weg.

Da wird dir in der Prüfung gerade die Frage gestellt, auf die du vorbereitet bist.

Da gelingt dir in Serie, was du dir vorgenommen hast.

Du bist einfach ein Glückspilz.

Und ich freue mich darüber. Denn ich weiß doch, wie oft du ganz knapp am Abgrund vorbeigeschrammt bist.

Ich weiß das aus Erfahrung. Ich bin ein Pechvogel heute, ein Glückspilz morgen.

Aufs Glatteis führen

Wie gern bin ich Schlittschuh gelaufen. Auf den unendlichen Weiten der Elbwiesen bei Hochwasser. Und wie oft bin ich eingebrochen. Einmal auch so gefährlich, dass ich es bis heute nicht vergessen kann und immer wieder träume, ich wäre mit dem Kopf unter das Eis geraten. Und hingeknallt bin ich auf spiegelglattem Eis, unter dem die eilig flüchtenden Fische zu sehen waren. Die Schlittschuhe hatten keinen Schliff mehr und ich wollte zu schnell, zu viel, stundenlang auf dem Eis durch die Landschaft fahren. Weit ausholen, die Arme schwenken, die Balance durch Tempo halten. Hockey spielen, mit selbstgefertigten Schlägern aus Eichenholz. Wir wetteiferten um die schönsten kleinen Tierschnitzereien.

Auf dem Glatteis: einander ausweichen, zusammenstoßen, hinfallen, lachen, keuchen, vor Schmerz gekrümmt das Knie umklammern. Ich weiß jedenfalls genau, wie glatt das Eis ist, dass Balance zu halten Geschick erfordert, Tanzen eine Kunst ist und Hinfallen nicht immer harmlos. Darum hüte ich mich davor, mich leicht aufs Glatteis führen zu lassen. Früh habe ich gelernt zu prüfen, mit wem ich es aufnehmen wollte, mit wem ich einen gemeinsamen Weg gehen könnte. Jedenfalls nur mit solchen, die einen nur aus Spaß und nur aufs ungefährliche Glatteis führen und die mit einem lachen, wenn man auf den Arsch gefallen – oder auf eine bare Erfindung reingefallen ist. Ansonsten geh ich meinen persönlichen Weg nur mit Menschen, die mir den Arm anbieten und denen ich den Arm anbiete, wenn's mal zu gefährlich wird. Vier Beine stehen einfach besser. Man kann sich aneinander festhalten und behält Stand.

Merke: Die Welt ist voll von Leuten, die andere gern aufs Glatteis führen, aber selber kaum darauf stehen können.

Mit offenen Karten spielen 16

So oft sind wir schon getäuscht, betrogen, irregeleitet, hinters Licht geführt worden. So oft spielen wir selbst und spielen andere mit verdeckten Karten; sie versuchen alles, damit man ihnen nicht in die Karten schaut.

Nun gehört es zum Spiel des Lebens, einmal mit offenen Karten zu spielen und ein andermal nicht. Es gibt halt Dinge, die sind ganz privat, ganz abgeteilt, gehören nur uns. Das geht keinen etwas an. Das vertrauen wir nur wenigen oder auch niemandem an.

Darum gehören das Aushorchen, das Ausspionieren, das Durchs-Schlüsselloch-Sehen zu den Vertrauen zerstörenden menschlichen Angewohnheiten. Das wächst sich bisweilen zu notorischer Neugier aus, und die Neugierigen werden zu zwanghaft oder genussvoll Klatschsüchtigen.

Es hat also sein Gutes und Richtiges, wenn man sich nicht überall von jedem in alles reinschauen lassen will. Wo aber in einer miteinander vertrauten Gemeinschaft, in einer Familie, im Kollegen- oder Freundeskreis auch nur ein Einziger nicht mit offenen Karten spielt, wird Misstrauen gesät, wird Kollegialität belastet, wird die Atmosphäre verdorben.

Da guckt einer den anderen aus den Augenwinkeln an.

Auch das gibt es: Die Atmosphäre ist bereits verdorben, und jeder hütet sich, mit offenen Karten zu spielen, statt zu sagen, was er wirklich denkt, plant, fühlt, anstrebt. Wo der Kampf um Arbeitsplätze und Aufstiegschancen immer härter, immer existenzieller wird, wirkt das Gift des Misstrauens. Da zermürben Mobbing oder Bossing die Beziehungen. Das erfasst ganze Unternehmen, Universitäten, Schulen, Verwaltungen, selbst kirchliche Einrichtungen. Bei aller nötigen Vertraulichkeit, die auch berufliche Abläufe erfordern, sollten wir alles tun, um miteinander mit offenen Karten zu spielen. Sonst wird alles krank. Sonst werden wir alle krank.

Es tut einfach gut, mit Menschen zusammenzusein, bei denen du das Gefühl hast, dass alle mit offenen Karten spielen, ohne dass unbedingt alles ins Spiel gebracht werden müsste. Da weißt du, wie du dran bist mit den anderen und wie die andern wirklich dran sind mit dir. Und so öffnest du dich, ohne den natürlichen Respekt, die nötige Distanz, die schützende Verborgenheit zu verletzen. Es bleibt wie selbstverständlich der geschützte private Raum für jeden. Nicht aus Angst, sondern einfach aus Respekt. Es gibt heilsame Distanz, eine Achtung vor dem anderen, aus der heraus man auch nicht alles anspricht.

Übrigens: Im November 1981 sagte Bischof Werner Krusche in einer sehr angespannten politischen Situation in unserer Synode:

Wir sagen, was wir denken.
Wir denken nichts anderes als das,
was wir – auch öffentlich – sagen.
Aber was wir denken, das sagen wir auch.
Wir wollen durchschaubar sein.

Das war richtig befreiend. Wir haben uns nicht zu verstecken, wir haben nichts zu verstecken und wir reden nicht mit gespaltener Zunge.

Das heißt:

Wir sind offen und wir leben aus Freimut.

Wir sind nicht doppelbödig, sondern versuchen, glaubwürdig zu sein.

Wir lassen uns in die Karten gucken. Denn wir haben nichts zu verbergen.

Wir sind nicht undurchschaubar, sondern wollen durchschaubar sein. Ihr könnt uns keine Angst machen, weil wir nichts zu verbergen haben. Worum wir uns bemühen, das ist die *Aletheia*, das »Aufgedeckte«, das »Offengelegte« – so heißt das griechische Wort übersetzt für Wahrheit.

Die Hand reichen

Geradezu zum Mitsingen lädt das so fröhlich-eingängige Liebesduett in Wolfgang Amadeus Mozarts Oper »Don Giovanni« ein: »Reich mir die Hand, mein Leben.« Und das wird mitten in einem Konflikt gesungen! Wo alles verfahren ist, blockiert, verkrampft, verdorben, verdreht, verrannt – da den Mut aufbringen und die innere Freiheit finden, dem andern die Hand zu reichen. Und auch die ausgestreckte Hand des anderen ergreifen können. Denn so können wir das Gespräch wieder aufnehmen, uns entspannter in die Augen sehen, die in der Vergangenheit aufgehäuften Hügel Schaufel für Schaufel wegräumen, von beiden Seiten. Die Hand des anderen fest in die eigene nehmen, nicht lasch, aber auch nicht zu fest drückend.

»Handreichungen« hießen offizielle Verlautbarungen der evangelischen Kirchen in der DDR. Sie waren Orientierungshilfen in kniffligen oder konfliktbeladenen Fragen. Das waren keine Anweisungen, keine letzten Worte; es waren hilfreich in die Hand gegebene Überlegungen und Orientierungen, etwa zum Wehrdienst und zum Friedensdienst, zur Jugendweihe und zur Wahrhaftigkeit in der Schule, zum Bleiben in der ummauerten DDR.

Um es nicht zu verschweigen, um es ehrlich zu sagen: Es gibt Menschen, denen ich lieber aus dem Weg gehe, weil ich ihnen ungern die Hand geben will, mir und den anderen suggerierend, es sei doch alles in Ordnung oder nicht so schlimm gewesen, was noch immer zwischen uns steht. Bisweilen ist die Abraham-Lot-Lösung eines Konflikts die beste: sich aus dem Weg gehen. Sie steht in der Bibel: Genesis 13,1–13.

Das Händereichen braucht manchmal einfach Zeit. Problemberge schmelzen bisweilen von alleine; sie lassen sich nicht schnell wegräumen.

Die Zeit heilt Wunden. Aber nicht alle.

Als die KPD 1946 in der Sowjetischen Besatzungszone SBZ der SPD die Hand reichte, kam es zu jenem symbolträchtigen, propagandistisch bis 1989 benutzten Bild, auf dem Otto Grotewohl von der SPD und Wilhelm Pieck von der KPD sich die Hände reichen. Dieser Händedruck erstarrte 43 Jahre lang im Abzeichen der SED. Um die demokratische Tradition war es geschehen. Die SPD war fortan im Würgegriff einer bolschewistischen Kaderpartei. Jener Händedruck wirkt bis heute nach, wo es um das Verhältnis zwischen Sozialdemokraten und Sozialisten geht.

Charles de Gaulle gab Konrad Adenauer die Hand, und die deutsch-französische Aussöhnung wurde zu einer entscheidenden Grundlage der westeuropäischen Friedensordnung und der breiten Aussöhnung zwischen den sogenannten Erbfeinden.

Helmut Kohl und François Mitterrand reichten sich die Hand vor den Gräbern von Verdun. Endlich ging es nicht mehr um »unsere« und »eure« Toten, die für ihr national Gutes, Vaterländisches, Gottgewolltes gestorben waren, sondern es ging um die Trauer über die Opfer eines Krieges, der als die Urkatastrophe des 20. Jahrhunderts gilt. Jede religiöse Sinnüberhöhung des Sinnlosen wird nachträglich infrage gestellt. Die Trauer aber bleibt und kann bleiben.

Helmut Schmidt reichte Erich Honecker bei der Konferenz über Sicherheit und Zusammenarbeit in Europa in Helsinki 1975 die Hand. Und der sogenannte Korb III der Schlussakte, in dem es um die allgemeinen Menschenrechte ging, wirkte auflösend und erlösend für uns in der ummauerten DDR.

Helmut Schmidt besuchte nach dem Ende der DDR den DDR-Rechtsanwalt Wolfgang Vogel im Moabiter Gefängnis. Er gab einem die Hand, der inzwischen von vielen, gerade von denen, denen er einst geholfen hatte hinauszukommen, geschmäht wurde.

Unvergesslich auch die Begegnung zwischen Michail Gorbatschow und Ronald Reagan 1986 in Reykjavík. Der sowjetische Staatschef gab dem amerikanischen Präsidenten die Hand zur Abrüstung – reichte einem Präsidenten die Hand, der ganz unverblümt das »Reich des Bösen« niederzurüsten getrachtet hatte.

Nelson Mandela schlug die Hand Frederic de Klerks nicht aus. Der Präsident des Apartheidstaates Südafrika hatte ihn nach 27 Jahren freigelassen, und die beiden gingen wunderbarerweise aufeinander zu, das Gewesene nicht verschweigend. Ein Handschlag eröffnete den friedlichen Weg eines demokratischen Übergangs der Macht, die nun an die schwarze Mehrheit überging. Staunend sah die Welt, dass es keinen Rachefeldzug gab.

Im Jahr 2010 wird von mehreren Seiten darüber diskutiert, ob man den Taliban in Afghanistan die Hand reichen dürfe. Präsident Karsai hat inzwischen keine Wahl mehr, als auf die Gegner zuzugehen, statt sie weiter mit Waffen zu bekämpfen, mit Bomben zu überziehen und »auszuräuchern«. Ehe man sich jedoch wirklich die Hand reicht, wird der Weg wohl noch ein langer, geduldiger sein müssen. Aber so sieht der Weg zum Frieden aus.

Aus dem Gedächtnis darf andererseits nicht gelöscht werden, wo das Händereichen mit Verbrechern deren Verbrechen nur noch befördert hat.
Der Westen reichte Adolf Hitler und seinen Schergen 1938 in München die Hand. Und dieser nahm nicht nur halb Böhmen, sondern bald ganz Europa ein. Er war des Handschlags nicht wert. Dafür starben 55 Millionen Menschen. Verbrannte Erde, zerstörte Städte. Millionen Vertriebene. Sechs Millionen industriemäßig ermordeter europäischer Juden, dazu Sinti und Roma, Kriegsgefangene, Linke und Widerständige aus Bürgerschaft und Kirche.

Tod vieler Schuldiger, doch viel mehr Unschuldiger danach.

Dass die anderen Völker uns Deutschen innerhalb jener zurückliegenden 65 Nachkriegsjahre wieder die Hand gereicht haben, können wir – auch die Nachgeborenen – nur dankbar und beschämt registrieren. Darin stecken allerdings auch Verpflichtungen: zum Frieden, für die Menschenrechte.

Von hilfreichem Händeergreifen ist die Bibel voll:
Jesus reicht dem versinkenden Petrus hilfreich die Hand und bewahrt ihn vor dem Ertrinken.
Petrus und Paulus reichten sich nach scharfen Konflikten auf dem Apostel-Konzil die Hand. Schon in der frühen Christenheit gab es tiefgehende Differenzen. Sie wurden wohl überbrückt, jedoch ohne sie wirklich zu überwinden.
In neuer Zeit war ein Schritt über Differenzen hinweg und aufeinanderzu die Einigung über die Rechtfertigung 1999 in Augsburg. Wann aber werden sich evangelische und katholische Christen am Tisch unseres Herrn die Hände reichen? »Friede sei mit euch!« Wie lange lassen sie diesen Skandal noch bestehen, dass wir wegen der Lehrunterschiede und der Amtstheologien die Einladung unseres Herrn nicht gegenseitig annehmen können? Wenigstens gegenseitige Gastbereitschaft: da wäre schon viel gewonnen!

18 Auf dem Teppich bleiben

Wie leicht hebt man gleich ab, sowie man nur etwas höher steigt. Wie schnell hat man Flausen im Kopf, spinnt Ideen, entwickelt Vorstellungen, die mit der Realität wenig zu tun haben.

Doch den fliegenden Teppich gibt es allenfalls im Märchen. Wenn wir ausrasten, uns übersteigern, uns vergessen, maßlos werden, ist es gut, wenn ein anderer uns so bestimmt wie liebevoll direkt auffordert, »doch bitte auf dem Teppich zu bleiben«.

Aber es ist gar nicht immer wichtig und richtig, nur brav und kontrolliert auf dem Teppich zu bleiben. Es ist vielmehr auch wichtig, Utopien zu entwickeln, Vorschläge zu machen, die richtig, wenngleich nicht gleich realisierbar sein müssen, und der Phantasie freien Lauf zu lassen! Warum soll man den gleich bremsen, der ein so schönes (künstlerisches) Projekt entwickelt und mit Begeisterung dafür ficht, dafür alles auf eine Karte setzt, all sein Erspartes riskiert, gar sich in Schulden zu stürzen bereit ist? Brauchen wir nicht mehr Begeisterte? Wer immer auf dem Teppich bleibt, läuft Gefahr, auch immer nur auf dem kleinen heimischen Teppich zu leben und den Blick für das Größere zu verlieren.

Und zugleich ist die Aufforderung, auf dem Teppich zu bleiben, unverzichtbar, damit einer nicht blind in sein Unglück stürzt.

Oder auch zu fragen: Wem bekommt die Macht, sowie er sie hat? Und wer wird nicht plötzlich etwas, das er selber gar nicht ist, das er durch seine Persönlichkeit nicht abdeckt? Was ist mit dem, der stolz wie ein Pfau wird, obwohl er nur einen Posten hat? Da hat *ihn* dann der Posten und nicht *er* hat den Posten ... Wer hört nicht gerne seinen ihm verliehenen Amtstitel, wenn nur die Schmeichler ihn lange genug umlecken! Man wundert sich nur noch.

Der Dauervorwurf gegen Politiker heißt: »zu abgehoben«. Das heißt doch: Sie sind nicht mehr bei den Frage- und Problemstellungen der Menschen, nicht mehr mitfühlend auf dem Boden der harten Tatsachen, nicht mehr verstehend dafür, wie es Otto-Normal-Verbrauchern, BILD-Lesern, Hartz-IV-Empfängern oder QUELLE-Gefeuerten geht.

Sollen also unsere Volksvertreter, Bürgermeister und Minister bis zur Selbstverleugnung immer »beim Volk« sein, jeden populären Blödsinn bis zur Selbstaufgabe mitmachen, bloß um als »nicht abgehoben« zu gelten?

Ich jedenfalls erwarte von Politikern Konsistenz ihres Denkens und Lernfähigkeit zugleich. Dazu gehört es, Fehler zuzugeben. Wer nicht handelt oder nicht für viele andere entscheiden muss, macht keine Fehler. Fehlentscheidungen stellen sich ja oft erst im Nachhinein als Fehler heraus. Nicht-Handelnde, diese feigen und schlauen Beobachter (aus den Medien zumal), tun sich dann neunmalklug hervor.

Nicht nur für Politiker, für alle, die in ihrem Bereich Verantwortung tragen, heißt es ganz einfach: Bleib immer auf dem Teppich. Heb nicht ab. Auch auf dem Perser wirst du nicht fliegen.

Auf den Hosenboden setzen

Denn ohne Mühe geht nichts.

Ohne Fleiß kein Preis.

Das ist wohl wahr – aber Fleiß alleine macht's auch nicht.

Ohne Druck geht's vielleicht nicht. Aber Druck alleine macht es gewiss nicht.

Wer sich hinsetzt, muss Ruhe aushalten, Konzentration üben, muss dranbleiben, auch wenn es nicht gerade lustvoll ist. Und wo es doch so viel Schöneres gibt, als gerade jetzt hier zu sitzen und zu büffeln, zu denken und zu überlegen, zu formulieren, zu fragen, nachzuschlagen, sich zu erinnern, aufzuschreiben …

Aber welch ein Glück, wenn's geklappt hat. Wenn die Note in Mathe sich von einer 3– auf eine 2+ verbessert hat!

Wenn die Idee gekommen und zu Papier gebracht wurde, wenn die Musiknoten sich so eingeprägt haben, dass man auswendig spielen kann. Selbst die ellenlange Ballade von Schiller lässt sich fehlerlos aufsagen. Wenn die technische Zeichnung fertig und auch noch ganz gut geworden ist.

Oh Glück des Beginnens,
oh Glück des Gelingens!

Das macht glatt die mühsame Zeit auf dem Hosenboden vergessen.

Schiss haben

Das sagt man nicht, als Erwachsener, als zivilisierter Mensch. Das ist einfach daneben. Das gehört sich nicht.

Und doch sagen wir es – jedenfalls Vertrauten gegenüber, wenn wir richtig existenzielle Angst haben. Und Angst erfasst halt den ganzen Körper. Da drückt dir furchtbar die Blase, da machst du dir in die Hose. Da liegt etwas, das einem schwer, ja verängstigend auf die Seele drückt, auch auf dem Magen. Da krieg ich Herzstiche. Oder Herzrasen. Es geht mir mächtig an die Nieren. Meine Zunge wird furztrocken. Aber Schiss? Das ist das, was einem dann geradezu in die Hose geht. Wo es nicht hingehört, wo alles danebengeht. Und so peinlich wird.

Muss man das so deutlich sagen? – Der junge Bert Brecht hat 1918 dagegen protestiert, dass man nicht sagen darf, was ist. Als »Auslassungen eines Märtyrers« hat er geschrieben:

Ich zum Beispiel spiele Billard in der Bodenkammer
wo die Wäsche zum Trocknen aufgehängt ist und pißt.
Meine Mutter sagt jeden Tag: Es ist ein Jammer
wenn ein erwachsener Mensch so ist

und so etwas sagt, wo ein anderer Mensch nicht an so etwas denkt.
bei der Wäsche, das ist schon krankhaft, so was macht ein Pornographist.
Aber wie mir dieses Blattvordenmundnehmen zum Hals raushängt!
Und ich sage zu meiner Mutter: Was kann denn ich dafür, daß die Wäsche so ist.

So isses. So sag es auch frei heraus. Sag, was ist! Und wie dir ist. Ungeschminkt. Offen. Und dann geht's dir schon besser, und es geht nicht in die Hose. – Auch nach 40 Jahren hab ich immer noch Schiss, wenn ich auf die Kanzel muss. Nur, das sag ich dort natürlich nicht. Da gehört es nicht hin. Und da gehört es sich freilich nicht.

Aber ich brauche jemanden, dem ich sagen kann, wie viel Angst ich hab, auch irrationale.

Ich erinnere mich noch sehr genau, wie es mir vor der mündlichen Prüfung zu meinem Zweiten Theologischen Examen ging. Nie wieder solche Prüfungen, schwor ich mir. Danach hatte ich tatsächlich nur noch die Prüfungen des Lebens ...

Und die DDR als einen Staat, der von der Angst lebte ...

Ich habe gelernt, mir die Angst von der Seele zu reden, zu singen, zu beten.

Und die Angst der Angstmacher zu sehen.

Wer anderen einfach mal sagen kann, dass er öfter solche Scheiß-Angst hat, dem ist schon gleich besser. Und man soll sich freilich nicht immer gleich »in die Hose machen«. Man kann sich manches auch gut verkneifen. Und wenn's mal nicht gelingt: ist auch nicht so schlimm. Nicht so doll schämen, einfach waschen. Und beim nächsten Mal ein bisschen mehr Mut haben: Wird schon gelingen. Geht schon nicht in die Hose.

21

Auf der Hut sein

Wenn du *immer* auf der Hut sein musst, kannst du gar nicht mehr frei leben. Dann lebst du nur noch vorsichtig, misstrauisch, abwartend, leicht gebückt.

Wenn du *nicht* auf der Hut bist, wirst du reinfallen, wieder und wieder, wirst Opfer der Mächtigen, der Gerissenen, der Täuscher und Blender.

Wer 45 Jahre in einem ummauerten Sicherheitsstaat gelebt hat, wo Vertrauen wenig und Kontrolle alles bedeutete, wo ein einziges falsches, ein offenes Wort die ganze Zukunft verstellen konnte, der wurde zunächst vorsichtig, der wog stets sein Wort. Der hielt sich immer erst einmal zurück, der duckte sich gewitzt und ging leicht in Deckung.

Und er war glücklich, wenn er Räume fand, wo er das nicht tun musste, wo das offene Wort kein Risiko, sondern das Selbstverständlichste von der Welt war, wo man sich vertrauen und anvertrauen konnte, ohne irgendwelche Hintergedanken zu haben oder zu befürchten. Die christliche Gemeinde war so ein Ort. Für mich jedenfalls. Und für viele andere. Und wir erinnern uns gern aneinander. An ein Leben, in dem wir nicht auf der Hut sein mussten, mitten in einem System, in dem man immer auf der Hut sein musste.

Naiv ist, wer nicht auf der Hut ist – rückgratgeschädigt dagegen ist, wer immer auf der Hut bleiben zu müssen meint. Vor der Gefahr kann man auch tänzeln und muss nicht immer gleich einknicken.

Jesus hat uns ein altes Sprichwort eingeschärft: »Seid klug wie die Schlangen und ohne Arg wie die Tauben.« Und er hat hinzugefügt: »Fürchtet Euch nicht!« – statt uns zu raten, angstgeklügelt auf der Hut zu sein.

Übrigens: Wenn wir im System jenes merkwürdigen doppelten Erich (also Honeckers und Mielkes) immer vor der Stasi auf der Hut gewesen wären, hätte uns die Schweigespirale in die Unfreiheit heruntergerissen, hätten wir uns schließlich selber ausgehöhlt, hätten kein glückendes Leben führen können. Wir hatten doch nichts zu verbergen! Und die Mächtigen waren selbst von Angst angetrieben, weswegen sie uns in Angst zu versetzen trachteten.

Martin Luther meinte, man müsse, wenn gar nichts mehr helfe, den Teufel mit einem Furz abweisen. Auch der List der Wahrheit etwas zutrauen und der eigenen Angst spotten lernen! Insbesondere die von Jesus beunruhigten und ermutigten Gruppen wurden in der Diktaturzeit Orte des Freimuts.

Auch heute gilt es, auf der Hut zu sein. Aber das ist dennoch kaum vergleichbar mit jener Zeit, in der das abschreckende politische Strafgesetz der DDR galt. So kommt es jetzt nicht zuletzt darauf an, alles daranzusetzen, dass es ein solches Strafrecht in einem Willkürstaat nie wieder gibt.

22 Dampf ablassen

Wie oft gibt's kein Ventil, um den Überdruck abzulassen! Dann rumort es tüchtig im Innern, und auch der Bauch ist psychosomatisch aufgepumpt. Es drückt, belastet, beschwert. Das Unbehagen staut sich, die Wut wächst und wächst. Jeder Ausdruck wurde unterdrückt, jede Kränkung geschluckt, jede Lüge hingenommen. Zu viel wurde einfach noch und noch hineingefressen, ohne verdaut zu werden. Wie gut tut es da, einmal richtig Dampf abzulassen, alles Aufgestaute herauszuschreien, herauszuplautzen, alles Verschwiegene endlich offen auszusprechen. Herrliche Entlastung – vor allem, wenn du offene Ohren findest, wenn einer dich versteht, dich nicht strafend und mit dem Ordnungsruf nach Vernunft und Augenmaß bremst, sondern dich ermutigt, erst einmal alles ungefiltert herauszulassen. Dann erst kannst du wieder sortieren, rationalisieren, relativieren.

Dampf ablassen, das ist wie eine Neugeburt, eine Selbstreinigung, eine geradezu erlösende Erfahrung.

Wohl dem, der nicht am Überdruck kaputtgeht, der herausplatzen kann, aber nicht platzt.

Ich finde, auch das Klagegebet, wie wir es in vielen der biblischen Psalmen lesen, ist wie ein reinigendes Dampfablassen vor Gott und den Menschen.

Wer nicht klagen kann, wird leicht krank. Klagen erleichtert – *sofern* man es nicht dabei belässt und man sich selber wie seine Umwelt davor bewahrt, zum Dauerjammerer zu werden.

Übrigens: Eine Gesellschaft, in der man nicht regelmäßig und nach Regeln Dampf ablassen kann, platzt. Um es anders auszudrücken: Der Sowjetkommunismus ist implodiert, weil eine Explosion vermieden werden konnte, da die Menschen sich Räume suchten, wo sie Dampf abließen und die einst Mächtigen aus ihrer Macht entließen und dann laufen ließen …

Es war auch ein mächtiges, aber doch friedliches Dampfablassen, weil wir sodann wunderbarerweise in der Demokratie angelangt sind.

Streiten in der Demokratie, demokratisches Streiten ist ein gesundendes Dampfablassen.

23 Zwischen den Zeilen lesen

Schon als kleiner Junge musste ich immer mit raus auf den Acker – zum Kartoffelnlesen, zum Kartoffelkäfer-Ablesen, zum Auslesen der Steine. (Viel später im Leben, nachdem die furchtbare Mauer durchbrochen war, erlebte ich voller Begeisterung, was Weinlesen ist, dass das eine ganz andere Kultur ist.)

Erst also lernte ich, auf Knien im Ackerboden zu lesen, und dann mit dem Buch auf den Knien. Es bedurfte einer Handschelle meines Vaters, bis ich begriff, dass die drei Buchstaben O und M und A *Oma* ergaben. Welch beglückendes Gefühl, endlich lesen zu können! Gar eine Handschrift lesen zu können. Und auch: Selber etwas zu schreiben, das andere lesen können. Mit dem Lesen lehrte Vater mich das Denken, das Erkunden fremder, unerreichbarer Welten, das Weiterfabulieren, das Auswendiglernen und ausdrucksvolles Vortragen. Er brachte mir früh Sütterlin sowie gotische und deutsche Schrifttypen bei. Einmal kam eine alte, gebückte, schwarzhaarige Frau in langem Kleid, mit Stoffschuhen und blitzenden Augen, und wollte mir die Hand lesen. Die Geheimschrift meines Lebens entziffern und mich vorherbestimmen. Mein Vater riss mich weg. Mich ließen die Augen der Zigeunerin lang nicht los.

Immer lag bei meinem Vater oder in seiner Nähe ein

ziemlich zerlesenes Buch. Eine Bibel. Dreißig Jahre später hatte auch ich ein solches zerlesenes Buch. Es war mein Neues Testament, das schon 1971 mit Leukoplast geklebt werden musste. Daran hänge ich noch immer. Kaum noch halten die Buchbinderfäden, und auch das Papier ist ziemlich mürbe geworden. Aber es ist das Neue Testament von 1956: was da auseinanderfällt, hat mich zusammengehalten.

Und was war das, jenes bedrohliche Mitlesen meiner Briefe durch die Staatssicherheit? Briefe für mich, die nur ich öffnen und lesen darf, die ganz für mich bestimmt sind: wer sie heimlich aufbricht, verletzt mein Inneres.

»Lesen und Schreiben«, so hießen 1972 die Essays von Christa Wolf, die lebensprägend werden sollten wie beinahe alles, was ich von ihr las. Welche Erfahrung, immer wieder, im Lesen zu erleben, nach- und mitzuerleben, was wir lesen. Wort für Wort, Satz für Satz, Abschnitt für Abschnitt, Band für Band lesen. Und nach zehn, nach 20 Jahren wieder dasselbe lesen. Anderes sehen beim erneuten Lesen. Sich die Welt erschließen, etwas durchleben und durchleiden, etwas durcharbeiten durch Nachempfinden.
    Lesen bildet und Lesen befreit. Lesen wird und wirkt kathartisch – reinigend, wandelnd. »Sag mir, was du liest, und ich sage dir, wer du bist!« – und mehr noch: »Sage mir, was du in deinem Leben gelesen hast, und ich kann dir sagen, wer du geworden bist.«

Inzwischen gehöre ich zu denen, die eine Lesehilfe brauchen. Keine Zeitung mehr (außer der einen, die keine Zeitung ist) ohne Draht und Gläser auf der Nase lesen. Es würde alles mehr und mehr vor den Augen verschwimmen. Ein Einschnitt war das, als ich hören musste, dass ich ohne Brille nicht mehr lesen kann. Und was für ein Glück, dass wir solche wunderbaren Lesehilfen haben. Wie viele aber können sehen und sehen nichts, sehen nicht klar, verstehen die Welt nicht zu lesen. Freilich sehen wir die Dinge wahrlich nicht, wie sie sind, sondern jeder sieht sie »durch seine Brille« – die oft genug unsichtbar bleibt. Lesen lernen, das ist – oder war? – lebensprägend, bildprägend, sprachprägend. Was wird nach dem Fernseh- und Internetzeitalter aus unserer Lesekultur? Werden wir uns jenes elementare, auch das genießende Lesen beim Anfassen von Büchern aus Papier als ein Standbein unserer Kultur bewahren können?

Mit vierzehn begegnete mir Hans Barlachs Skulptur »Der Lesende«. Trotz so vieler Reproduktionen unverbraucht: solche Stille, solche Konzentration, solche Demut vor dem aufgeschlagenen Buch. Es muss kein Klosterschüler sein, ich sehe einfach einen Lesenden, der sich einlässt und versteht, was er liest, und es in sich hineinlässt. Was wir nicht alles lesen können, auflesen und ablesen, vorlesen und durchlesen ... Doch sicherlich bleibt der christliche Glaube, der mit der Buchkultur untrennbar verbunden ist, auf das Lesen und das Vorlesen angewiesen – und auf die Kunst des Verstehens.

»Verstehst du, was du da liest?«, fragt Philippus den

lesenden Fremden, den mächtig reichen äthiopischen Finanzminister (Apg. 8,26–40). Es ist und bleibt notwendig, einander befragend und erklärend miteinander zu sprechen, nachdem wir gelesen haben. Wir brauchen zum Verstehen das Lesen; das Wieder- und Wieder-Lesen dessen, was wir nie auslesen können: das Buch des Lebens. Da lese ich auch die Wünsche von den Lippen des anderen ab und mir werden die Leviten gelesen.

Auch Ähren, Kartoffeln und Wein lesen, die Handschrift der oder des Geliebten, die Urschrift der Schrift, die Geheimnisse des Lebens entziffern. Nie zum Ende kommen. Lesen ist Leben.

Auf die Knie fallen 24

Es gibt Momente im Leben, da möchten wir auf die Knie fallen – vor Begeisterung, vor Erschütterung, Angst oder Ehrfurcht. Selten passiert das tatsächlich. Wenn doch, geschieht etwas Wichtiges.

In der Schlosskirche zu Wittenberg kniet Kurfürst Johann der Beständige (1468–1532) vor Christus, dem Mann, der für seine Vollmacht keine Herrschermacht braucht. Seit 1983 steht ein »Friedensleuchter« mit einem Kreuz über der Weltkugel neben ihm; und ihm gegenüber kniet sein Bruder Friedrich.
  Der Mann, zu dem sonst andere aufsehen, sieht selber hoch.
  Der Mann, vor dem sonst andere in die Knie gehen, kniet selber.
  Die Hände, die zu befehlen gewohnt sind, bitten.
  Demütig der Mann, aber nicht gedemütigt.
  Der Bittende ist kein erniedrigter Bettler, weil der Gebetene nicht Unterwürfigkeit will: der Bittende behält seine Würde.
  Doch der bittende Fürst hat noch das alte Kleid an: den Panzer zur eigenen Sicherheit, den Brustharnisch der Angst, die Schulterstücke des Stolzes, die Ringe der Eitelkeit. Aber er hat den Kopf schon frei: Das Visier ist

schon aufgeklappt, der Helm ist schon abgelegt. Die Hände packen nicht zu; geöffnet ruhen sie; über den angewinkelten Armen, die nach vorn und leicht nach oben gestreckt sind, bilden die einander berührenden Hände ein Dach. Wo die Finger das meiste Gefühl haben, an den Spitzen, berühren sie sich und wecken die Empfindsamkeit.

  Still, aber nicht müde;

  tastend, aber nicht ziellos;

  kniend, aber nicht gekrümmt

beginnt der Weg derer, die der Ordnung entsagen, die das Chaos gebiert: der Schlachtordnung.

  Zaghaft beginnt die Abrüstung derer, die verhindern wollen, dass es zur »letzten Schlacht« kommt.

  Beten wird zu einer entschiedenen Geste der Abrüstung. Auf den Knien geschieht ein Neuanfang.

25 Nichts gebacken kriegen

Backe, backe Kuchen, der Bäcker hat gerufen.
Wer will guten Kuchen haben
der muss haben sieben Sachen:
Eier und Schmalz
Zucker und Salz,
Milch und Mehl,
Safran macht den Kuchen gehl.

Daran kann ich mich bis heute erinnern, dass ich nie zu fragen wagte, was Safran ist und was gehl bedeutet. Das Kuchenbacken gehört für mich mit all seinen Gerüchen, mit dem Kneten, Rühren, Riechen und Naschen zu meinen elementaren Kindheitserinnerungen. Das große Kuchenblech einfetten, dem Teig die Backhefe beimengen, jedenfalls das, was auf dem Weg vom Bäcker bis nach Hause übriggeblieben ist – das andere bläht sich nun im Magen, schmeckt aber doch so verlockend! Die Apfelstückchen eindrücken oder die gemeine Hauspflaume entkernen und schön in Reih und Glied auf den aufgegangenen Teig legen. Und dann diesen wunderbar saftigen Apfel- oder Pflaumenkuchen essen, lauwarm! Die Backform, der Backofen, das Backhaus. Vom Backofen muss auch Martin Luther fasziniert gewesen sein. Er nennt Gott einmal einen »Backofen der Liebe«.

Acht Bäcker hatte die Hansestadt Werben, meine Heimatstadt von etwa tausend Einwohnern. Also kam auf hundertzwanzig Einwohner ein Bäcker. Jedes Brot schmeckte anders. In der Backstube bei Bäcker Schwarz der Mehlgeruch, das völlig eingestaubte Gesicht von Papa Schwarz mit seiner Bäckermütze, und dieser unverwechselbare Backgeruch in der Backstube, deren Dünste bis auf die Straße hinauswehten. Ich weiß noch heute, sechzig Jahre später, wo die einzelnen Bäcker waren. Jetzt gibt es noch einen »Backshop«. Das war's.

Der Duft frischer Brötchen aber, das ist ein Glück, das von der Kindheit bis nach heute reicht: »Ich geh noch schnell zum Bäcker!«, ruft die Liebste morgens, während ich noch im Bad bin. Und dann ist sie bald zurück mit dem vollen Jutebeutel, aus dem die knusprig frischen Brötchen duften, jene wohlgeformten, verlockend anzusehenden Schrippen, Schusterjungen, Semmeln, die Sesam- und Kürbiskernbrötchen, und beim Kauen wischt sie mir lachend die Backe ab.

»Du kriegst doch nichts gebacken« – solch ein Urteil kann fürchterlich vernichten, den Verlierer nochmals verlieren lassen. Darin steckt keine Hoffnung mehr, da gibt es keine Ermutigung. »Nichts gebacken kriegen« heißt: wirklich nichts. Aber das stimmt gar nicht. Jeder kriegt doch etwas gebacken, und sei es beim zweiten, beim dritten, beim vierten Versuch! Und gar erst mit dem »Backofen der Liebe«: der backt auch einen kümmerlichen Hefeteigkloß zu einem goldenen Brötchen.

Den richtigen Riecher haben

Einen Mann kenne ich, der geht immer besonders gerade, dabei keineswegs steif. Er sieht so sehr ins Weite, dass er sein Kinn hochstreckt, und übersieht doch nicht das Nahe, wendet sich durchaus dem Naheliegenden zu. Wenn er einen Raum betritt, wo auch immer, auch wenn er mich besucht, holt er zunächst in kurzen Atemstößen Luft. Unauffällig alles erschnüffelnd. Er scheint auch mit Augen und Ohren zu riechen, was los ist, zumal, was faul ist. Er ist unheimlich aufmerksam.

Er weiß, was in der Luft liegt.

Oft sagt er voraus, was sein wird.

Er trifft rechtzeitig richtige Entscheidungen.

Er ist auf seinen Vorteil bedacht und hat erstaunlichen Erfolg.

Er weiß auch, wann man sich wie schnell entfernen oder wo lieber enthalten sollte.

Ich beneide ihn. Sein ganzes Lebensgefühl ist mit seinem Riecher verbunden. Einem richtigen Riecher, vor allem für das, was wirklich nutzt. Ich bewundere ihn sogar und frage ihn öfter nach seinem Rat.

Ich selber aber will lieber nicht alles schon vorher erschnüffeln. Es reicht mir, wenn ich es erlebe, sowie es da ist. So genieße ich das Überraschende.

Er aber, mit seinem Riecher, seinem guten Riecher, hat immer alles schon vorher gewusst. Er kann sich kaum mehr überraschen lassen.

Ich beneide ihn ein bisschen. Ich bewundere ihn sogar, immer wieder.

Aber er hat einfach unerträglich oft »recht gehabt«.

Und ich irre mich gerne, zumal es Wendungen des Lebens gibt, die keiner vorhergesehen hat – und die einfach wunderbar sind.

27
Das Zeitliche segnen

Ach, hat uns die Sprache ein schönes Wort fürs Sterben geschenkt. Am Ende und beim Abbrechen der uns zugemessenen Zeitstrecke wird das Zeitliche nicht verworfen – es wird im Vorübergehen und als Vorübergehendes geadelt, gewürdigt, gewogen – und nicht zu leicht befunden. Gerade angesichts des Sterbens wird das Zurückliegende, das gnadenlos-unwiederholbar Vergangene gesegnet und mit getroster Billigung belegt. Im Hinübergehen *sind* wir nicht hinüber. Nicht ein *Umsonst* oder ein *Vergebens* steht über dem Vergangenen, kein *Aus-und-Vorbei* oder *Nun-lass-alle-Hoffnung-Fahren*. Nein.

Selbst im Sterben liegt Segen.

Du »kratzt« also nicht einfach »ab«, »hauchst« nicht bloß »aus«, »machst« dich nicht grußlos »davon«, »beißt« nicht schnöde »ins Gras« und »gehst« nicht mit tödlichem Übermut »über den Jordan«, »fährst« nicht unbeweint »in die Grube« und gehst nicht melancholisch »in die ewigen Jagdgründe ein« oder »trittst« nach einem letzten Vorhang »von der Bühne ab«.

Wie trostlos kann vom Sterben geredet werden und wie gnadenlos erscheinen Sterbensarten. Es gibt so viele, so schreckliche Todesformen: Menschen werden ermordet, vergast, erschossen. Sie verhungern und verdursten. Und dann die politisch vernebelnden und beschönigenden Umschreibungen, die Sinn suggerieren wollen: »im Felde geblieben«, »gefallen«, ja, »als Helden gefallen für König, Volk und Vaterland«... Auch das gibt es jetzt wieder: »... gestorben für die Sicherheit Deutschlands«. Tiefe Zweifel bleiben nach der Trauerfreier für die am Karfreitag 2010 am Hindukusch getöteten deutschen Soldaten.

Unsere Kirchen sind voll vom Kriegergedenkkult mit religiöser Überhöhung von Opfern, die im Krieg doch auch Täter gewesen waren, erschossene Erschießer, auf höheren Befehl. »Gefallen für...«? Wurden sie denn nicht in Wahrheit ins Herz, in den Kopf, in den Bauch geschossen? Sind sie nicht elend verröchelt, erfroren, ertrunken oder zerfetzt, verschüttet, überrollt, verbrannt, abgeschossen worden? Der Tod verträgt keine Schummelei, kein verklärendes Lügen.

»Mitten in dem Leben sind wir vom Tod umfangen«, täglich uns erinnernd, welche Gnade es ist zu leben. Und sich gütlich zu tun, gar fröhlich zu sein bei der täglichen Arbeit.

Ergriffen wieder und wieder von der schonungslosen *und* Hoffnung stiftenden Weisheit des Psalms 39:

Herr, lehre mich doch,
dass es ein Ende mit mir haben muss
und mein Leben ein Ziel hat und ich davonmuss.

Siehe, meine Tage sind eine Handbreit bei dir,
und mein Leben ist wie nichts vor dir.
Wie gar nichts sind alle Menschen,
die doch so sicher leben!
Sie gehen daher wie ein Schatten
und machen sich viel vergebliche Unruhe;
sie sammeln und wissen nicht, wer es einbringen wird.
Nun, Herr, wessen soll ich mich trösten?
Ich hoffe auf dich.
... ich bin ein Gast bei dir,
und ein Fremdling wie alle meine Väter.
Lass ab von mir, dass ich mich erquicke,
ehe ich dahinfahre und nicht mehr bin.
Psalm 39,5–8.13b–14

Welch eine Gnade also, wenn man – gar alt und lebenssatt – das Zeitliche segnen kann, die Zeit hinter sich lässt und in den ewigen Frieden eingeht. Wenn am Grabe die Zurückbleibenden fröhlich singen »Nun danket alle Gott« und »Befiehl du deine Wege«. Das jedenfalls wünsche ich mir für mich!

Genauso wie ich mir auch wünsche, auf der Grenze zu einer neuen ungeahnten Seinsform nicht bitter, resigniert, tränenzerflossen zurückzuschauen, sondern darüber ein Kreuz zu schlagen. Das Kreuz. Und es gesegnet sein zu lassen.

Es war ein Versuch. Meiner. Deiner. Er wird angenommen, wo du dich verwundert annehmen kannst, mit allem, und mit dem Wenigen auf deiner Leistungsliste. Das

Wort Gnade ist das Licht, das dir in der Dunkelheit des Todes heimleuchtet.

Also: das Zeitliche segnen und heimgehen. Der jung gestorbene Novalis schrieb: »Wohin gehen wir? Immer nach Hause.«

28 Ein Ohr dafür haben

Wie oft hatte ich kein Ohr für meine Kinder, weil die Wichtigkeiten der Erwachsenenwelt mich in ihren Bann zogen. Buchstäblich in den Bann schlugen.

Wie oft hatte ich kein Ohr für das, was meine Frau bewegte; ich war einfach zu sehr mit mir und dem Meinen beschäftigt. Dabei wäre es doch viel besser gewesen, erst ein Ohr für sie zu haben – geduldig, konzentriert, zugewandt –, und dann hätte sie sicher auch eins für mich gehabt.

Warum nur fällt uns immer wieder erst im Nachhinein, zu spät, die bessere Lösung ein, die doch so einfach gewesen wäre.

Mein Arzt hat ein Ohr für mich, nicht bloß für meine Rückenschmerzen und meine Herzattacken. Da geht es mir doch gleich besser!

Mein Propst hat ein Ohr für mich. Ohne ein Wort zu sagen, spricht er zu mir. Im inneren Zuhören. Und sagt dann wenig. Darin steckt aber alles.

Meine Schwester hat immer ein Ohr für mich, auch wenn sie selber ganz voll ist, übervoll.

Nelly Sachs, eine Entronnene, die große Poetin des Schmerzes, fragte: »Wenn die Propheten einbrächen durch die Türen der Nacht ... – Ohr der Menschheit, du nesselverwachsenes, würdest du hören?«

Ich finde ein Ohr, wo ich die Sprache für meine Seele finde. Im Beten, jenem »Gespräch meines Herzens vor dir« (Psalm 19,15).

Eine Lippe riskieren

Eine Weisheitsregel ist nicht totzukriegen: »Reden ist Silber. Schweigen ist Gold.« Es ist schon richtig: Man muss wissen, wann es besser ist zu schweigen, wann es besser ist, dem Gegner aus dem Wege zu gehen, zumal, wenn es der Chef ist. Es ist aber auch wichtig zu wissen, wann man wie zu wem was sagt und »aus seinem Herzen keine Mördergrube macht«.

Ein freies Wort zu riskieren, ein Wort, das aus dem Herzen kommt, das der Verstand gefiltert hat und das der eigenen Einsicht entspricht, muss dort gewagt werden, wo es hingehört. In der direkten Begegnung mit einem Einzelnen geht das noch. Ohne Zeugen. Da redest du ganz auf eigene Kappe, da riskierst du vielleicht Kopf und Kragen, bisweilen deinen Job. Und das ist nicht wenig.

Aber dort, wo du allein bist, wo alle anderen lieber klug schweigen, beschämt nach unten schauen oder im *common sense* feige mitschwimmen, ist es schon halsbrecherisch, eine Lippe zu riskieren. (Ich hab's erlebt – in Zeiten der Diktatur, jener verordneten Einheitsgesellschaft, und nun in der Demokratie, wo die Schweigemechanismen subtiler, aber nicht weniger effektiv funktionieren.)

Ein gedeihliches Zusammenleben braucht stets Menschen, die eine Lippe riskieren, die sich was trauen und offen zu sagen wagen, was andere nur denken oder nur dann sagen, wenn es so ungefährlich wie konsequenzenlos ist.

Ein bisschen Übermut gehört schon dazu. Ein geläuterter Mut.

Die Lippe ist sehr verletzlich.

30 Abspecken müssen

Seit meinem 15. Lebensjahr trinke ich Alkohol. Mäßig, aber auch regelmäßig. Mein Vater lehrte mich das Trinken. Was andere lange Zeit sauren Wein nannten, nannte er den richtigen, und seit der Vereinigung genieße ich trockene Weine in vollen Zügen. Bin ich abhängig? Seit dreißig Jahren faste ich in den sieben Wochen der Passionszeit vor Ostern und verzichte auf Alkohol. Das ist zunächst nicht so leicht. Da renne ich abends öfter grundlos durch die Wohnung. Aber bald genieße ich es, mich von dieser Gewohnheit freizumachen, mir diese Freiheit zu nehmen, sie zu haben, und merke dabei auch, wie viele gesellige oder festliche Anlässe es in diesen sieben Wochen gibt. Und welch eine wunderbare Menschen verbindende Funktion Alkohol hat. Dann freue ich mich auf den Ostersonntag, auch, weil ich dann mein Fasten breche. Ich trinke gern – ich faste konsequent. Der Erlös meines Wein-Verzichts in diesen Wochen geht an UNICEF. Öfter lese ich von den befreienden Erlebnissen, die Total-Faster hätten, Menschen, die für eine Zeit auf jede feste Nahrung verzichten. Da habe ich es versucht – und wurde nur aggressiv.

Dann bemerke ich in meiner Umgebung immer mehr Leute, die sich wöchentlich beim Bodybuilding kasteien, die es mit systematischem Abhungern probieren, diesem

Doping der Konsumgesellschaft mit der Sucht nach dem Kick und der Illusion, dass die Seele mehr kriegt, wenn der Leib sich quält. In Zeiten der notorischen Übergewichtigkeit hat die Hungerkur bei vielen Kultstatus eingenommen. Die Fastenden berichten von einem Lusterlebnis der Seele, von euphorisierten Zuständen, von Freiheit, vom Glücksgefühl der Entschlackung. Ich sehe dabei etwas misstrauisch in leicht sauertöpfische Gesichter, die allerdings fest behaupten, es würde ihnen gut gehen und sie hätten ganz großartige Erlebnisse. Glücklich sehen sie mir aber nicht aus. Und welchen Hunger sie hatten, verschweigen sie. Und dann kenne ich Leute, die bloß fasten, weil sie zum Genuss sowieso nicht fähig sind.

Der Versuch, jenes eigentümliche Mangelgefühl mitten im Überfluss, jenen Hohlraum, den die Fülle hinterlässt, loszuwerden, ist mir dennoch so bedenkens- wie nachahmenswert. Wer eine Zeit lang auf Dinge verzichtet, die zum täglichen und somit zum selbstverständlichen Lebensgenuss gehören, kann sich in einem freiwilligen Abstinenzverhalten darüber klarwerden, wie abhängig er bereits ist – und wie unabhängig er sich durch einen bewussten Akt des Verzichts machen kann. So kann selbstauferlegtes Darben geradezu befreiend werden. Ich persönlich erlebe es beim Wein. Täglich, sieben lange Wochen lang. Sinn aber macht das alles nur, wo ich eine Zeit bewussten Verzichts auf äußere Genüsse als Zeit innerer Besinnung nutze, wo ich mein Glück im Maßhalten erlebe, wo ich erkenne, was ich alles *nicht* brauche, um glücklich zu sein, wo ich mich zugleich von dem ganzen Unrat freimache, mit dem der eigenen Seele Grund zugemüllt, mit dem der Geist tagtäglich vernebelt wird.

So kann ein bewusster äußerer Akt mich zu einem tiefen Erlebnis von Freiheit führen – als Folge einer leiblich-geistigen Entschlackung. Und so nutze ich diese Zeit auch für mehr Besinnung, für alltägliches längeres Exerzitium. Und ich habe den Eindruck, dass zunehmend mehr Menschen den Sinn von Zeiten besonderer spiritueller Übung gerade wieder neu entdecken. Ich habe dabei erkannt, dass im urchristlichen Sinne die Fastenzeiten zugleich Passionszeiten sind, Zeiten der herausgehobenen Solidarisierung mit denen, die leiden. Im Inneren mitgehen, im mystischen Sinne eins werden mit dem, der für andere Leiden auf sich genommen hat, der es satt hatte, das Leiden zu übersehen. Keinen verderben lassen! Das ist Passionszeit; die Zeit der *Sympathie* im ursprünglichen Sinn, also des *Mit-Leidens*. Der, der das Heil bringt, nimmt sich des Elends an: Er weint mit Weinenden, hungert mit den Hungernden und wird fröhlich mit den Fröhlichen. Im christlichen Sinne sind Fastenzeiten immer Zeiten der Leidensmystik als eines aktivierenden Mitbedenkens, als eines Innewerdens des Leidens in der Welt – zusammen mit der Ausrichtung auf die Wende zum Leben: denn der Passion folgt Ostern, wie auf den Advent Weihnachten folgt. Nach der Zeit des Verzichts kommt die Zeit der Fülle. Nur wer zuzeiten verzichten kann, kann sich zu gegebener Zeit von Herzen freuen. Wer immer alles hat, kommt vom *Überfluss* in den *Überdruss*. Oder er lässt sich neidvoll faszinieren von noch viel größerem Überfluss anderer, statt sich bewusst zu werden, wie reich er aus sich selbst und in sich selbst ist und aus welchen Quellen ein befriedigender Reichtum kommt. Und er könnte kritisch sehen, wie armselig Reichsein machen kann.

Die Fastenzeit ist eine Zeit besonderen äußeren Engagements, nicht bloß des inneren Verzichts.

*Brich dem Hungrigen dein Brot,
und die im Elend ohne Obdach sind, führe ins Haus!*

Das nennt der Prophet Jesaja das richtige Fasten (Jesaja 58,5–7). Solches Fasten als sozialpolitische Aktion und Konzeption bräuchte unsere jammerreiche Weltgesellschaft. Und das bräuchte jeder Einzelne: freiwillig das abzugeben, was man selber nicht braucht, was aber andere bräuchten, um überhaupt zu leben.

Fasten – sich die Zeit und die Freiheit des empathischen, des sympathischen Engagements nehmen. Solches Fasten richtet sich nach innen *und* nach außen.

»Abspecken müssen«: überflüssige Pfunde loswerden. Ablegen, was beschwert. Wohlstandsspeck verabschieden. Abgeben. Und den Mehrwert der Seele erfahren.

31 Die Hoffnung nicht fahren lassen

Ich hoffe auf gutes Wetter, auf gute Ernte, guten Fischfang, auf baldige Linderung des Zahnschmerzes und die gütliche Schlichtung des Streits. Ich hoffe auf gute Nerven bei der Prüfung, auf pünktliche Ankunft zuhause, auf eine Gehaltserhöhung oder endlich auf einen Arbeitsplatz – und dass den Kindern nichts passiert und ich gesund bleibe.

Ganz alltäglich leben wir mit kleinen und großen Hoffnungen. In der Vergangenheit erfüllten sie sich, und sie trogen uns: Wer hofft, ist seiner Sache nicht sicher. Aber er hält einen guten Ausgang für möglich. Und hofft auch gegen den Augenschein; Hoffnung bleibt mitten in den Widrigkeiten des Lebens.

Beten wird dabei zur Kraft der Hoffnung. Da ist diese kleine, große Bitte aus dem Vaterunser eine Bitte der Hoffnung: »Dein Reich komme.« Wer so betet, hat noch nicht alle Hoffnung aufgegeben. Und weil er nicht alle Hoffnung aufgegeben hat, betet er so. Seine Augen sind nicht verkleistert. Er sieht genau, was ist. Er sieht, was bedrängt. Er kann die Wasserstandsmeldungen der Sintflut lesen, aber er sieht auch, was an neuem Leben wächst.

In jedem Frühling lerne ich neu hoffen und mich freuen, dass tatsächlich wieder alles grünt und blüht.

Wer hätte geglaubt, dass in der Elbe wieder essbare Fische leben oder dass das Verhältnis zu unseren Nachbarn, insbesondere zu den Polen, sich so entspannen würde?! Da gab es noch vor Jahren nur wenige Zeichen, dass es mit beidem eine gute Wendung nehmen würde. Aber die Hoffnung stirbt zuletzt – und wir sehen heute Totgeglaubte auferstanden! So viel Grund zur Hoffnung; auch wenn es zunächst oft die kleinen Dinge des Lebens sind, in denen und durch die etwas aufscheint von dem, was wir erhoffen, erbitten und erstreiten:

Das selbstverständlich fröhliche Gesicht der dreijährigen Mirjam.

Die wohltuende Stille der Herbstfärbung im Wald.

Die gute Wahl einer tüchtigen Frau an die Spitze einer Männerriege.

Das Schmerz lindernde Bad.

Das ökologische Engagement von fünf Achtzehnjährigen im Nachbarort.

»Wer hofft, ist jung«, schrieb die zu diesem Zeitpunkt bereits betagte Dichterin Rose Ausländer. Welche Hoffnungskraft hat diese galizisch-deutsche Jüdin am Leben erhalten, und wie viele schreckliche Verluste hatte sie ertragen müssen! Und wie jung ist sie geblieben, bis zum letzten Atemzug.

Wenn es auch zunächst oft die kleinen Dinge sind, an denen wir unser Leben aufrichten können: Wer um das Reich Gottes bittet, behält immer auch Größeres im

Sinn, ohne das Kleine verächtlich zu machen. Er sieht das Neue und Wunderbare, weiß, dass aus einem Senfkorn ein Baum werden kann, erkennt, wie ein Kind in der Mitte steht und zum Lehrmeister des Lebens aus Vertrauen wird. Er kann vieles loslassen und weggeben, weil er das Eine gefunden hat, das ihm wertvoll ist. Wenn ich mir Rechenschaft gebe über die Hoffnung, über die erfüllten Erwartungen, die herben Enttäuschungen, die verbliebenen Sehnsüchte, dann bleibt ein dankbares JA inmitten von so vielem NEIN.

»Dein Reich komme!« Ich atme auf. Ich bin gewiss: Wer so hofft und betet, weitet seinen Blick auf die ganze Menschenwelt, bittet nicht um sein eigenes Reich, sondern um ein Reich, das alle unsere Reiche überschreitet, überwölbt, übersteigt. Man nennt das das Transzendente. Wer so betet, der kann keine rassistische, ideologische oder religiös-konfessionelle Überordnung der einen über die anderen wollen oder zulassen. Und wer nicht jedweder Form rassistischer oder nationalistischer oder religiöser Überhöhung aktiv entgegentritt, der soll auch nicht so beten. Das Reich Gottes ist ein Raum, ein grenzenloser, Grenzen übergreifender Raum. Wir gehen auf etwas zu, das auf uns zukommt. Und das uns zukommt. »Dein Reich komme!« – Das kann ein Notschrei, ein Bittruf, ein Hoffnungsseufzer, eine Routineformel, eine Widerstandsparole sein. Vor allem ist es eine hoffende Bitte.

Ich habe Jahrzehnte gebraucht, um den Wahlspruch Martin Luthers zu verstehen, in Stein gemeißelt in sein

Konterfei im sogenannten Katharinenportal seines Hauses in Wittenberg: *In silencio et spe erit fortitudo vestra.* Das geht auf den Propheten Jesaja (30,15) zurück: »Im Stillesein und Hoffen wird eure Stärke sein.« Also im Rückzug, im Gebet, in der Meditation, im innersten Freiwerden und im Erkennen des Wesentlichen. Im Innersten gewiss werden und in zuversichtlicher Ausrichtung auf die Zukunft leben, für die Gott sich verbürgt: darin wird die Kraft liegen, das Leben mit allen seinen Ängsten und Selbstzweifeln, mit Unsicherheiten und Unwägbarkeiten, mit Risiken und mit vielfachem Scheitern zu bestehen.

Also kein bequemer Rückzug, keine Ohne-mich-Haltung, kein Verzicht auf bewusstes Eingreifen. Die Kraftquelle für die Hoffnung ist tief innen und wird von tief innen gespeist. Und so wird sie nicht sterben, sie wird nicht fahren gelassen, sondern lebendig bleiben. Welch ein Glück, wo wir glauben *und* sehen können!

Kein Haar krümmen

Einen Finger soll man wohl krümmen, wo einer Hilfe braucht, auch fünf Finger! Doch wer anderen kein Haar krümmen kann oder will, der gilt als besonders friedfertig. Solche sanftmütigen, zärtlichen, behutsamen, gewaltabstinenten und dabei doch ganz kräftigen Menschen gibt es. Und sie besitzen eine magische Kraft: einem die Ängste zu nehmen.

Es gibt so Sanfte und dabei so starke! Dafür brauchen sie viel Kraft. Und gedankt wird ihnen das selten, weil die Sanftheit ihnen als Schwäche ausgelegt wird. Aber mutig ist nicht, wer kein Haar krümmen kann, sondern wer es mit guten Gründen nicht will; wer den andern ganz unversehrt, von Kopf bis Fuß, lässt und ihn annimmt, wie er ist.

Stark ist, wer seine Stärke nicht ausspielt. Nicht ausspielen muss.

Keinen Finger krummmachen

»Für dich nicht. Du bist es nicht wert. Du hast mich enttäuscht, gekränkt, vergessen, übersehen. Du hast einfach zugesehen, wie ich ganz unten lag. Und jetzt soll ich dir helfen?

Ich jedenfalls werde für dich keinen Finger mehr krümmen. Niemals!«

Da liegt so viel im Argen zwischen uns und in der Welt um uns. Keinen Finger krummzumachen, das steckt an. Gleichgültigkeit und Abwehr liegen so schnell auf der Hand. Verweigerte Empfindsamkeit angesichts der Hilfsbedürftigkeit, Einsamkeit und des Leides eines anderen, solche Gleichgültigkeit, Feigheit oder kleine Rache wird auf uns selbst zurückfallen. Wir sind doch miteinander verbunden: und wie ich mit anderen umgehe, hat mit meinem Wohlergehen zu tun. Unsere Beziehungen kommen ein wenig in Ordnung, wo der Helfende weiß, dass auch er auf Hilfe angewiesen sein könnte. Und dass der, der Hilfe gibt, auch Hilfe bekommt. Also lieber doch einen Finger krummmachen, einen kleinen Versuch unternehmen zu helfen. Auch wenn der andere es »nicht wert« ist, nach allem, was ich mit ihm erlebt habe. Dazu gehört, dass ich mich selbst überwinde, ja. Vielleicht geht es ganz sachte zunächst – und ich kann die Überraschung des anderen spüren, und nun richtig zupacken. Heute brauchst du mich. Morgen brauche ich dich.

Mut schöpfen

Mut schöpfen – wie man sauberes Wasser schöpft.
Mut schöpfen und trinken.
Weitergehen, und doch mutlos werden auf der langen Strecke.
Austrocknen,
wieder an eine Quelle gelangen und Mut schöpfen wie frisches, fließendes Wasser.

Warum können wir Mut schöpfen?

Weil die Wahrheit Zeugen nötig hat.
Weil das Gelächter der Hoffnung letzte Waffe ist.
Weil eine wahre Sache Geduld braucht.
Weil nur der sich gelassen dem gegenwärtigen Tage zuwenden kann, der seiner Sache gewiss ist.
Weil wir wohl reine Herzen haben sollen, uns aber auch zu unseren schmutzigen Händen bekennen können.
Weil jede Tat eine Schwester des Traums ist.
Weil nur von Gewandelten Wandlung ausgehen kann.
Weil es gerade auf mich ankommt.
Weil wir nicht zu den Gleichgültigen gehören wollen, für die es keine Wunder gibt.
Weil man nicht das Licht des anderen ausblasen muss, um das eigene leuchten zu lassen.

Weil man nur durch Erfahrungen klüger wird.
Weil die nicht geglückten Experimente die größten
 Lehren bergen.
Weil alle darauf warten, dass einer den ersten Schritt tut.
Weil einer gesagt hat: »In der Welt habt ihr Angst, aber
 seid getrost, ich habe die Welt überwunden.«
Weil nur der das Mögliche erreichen kann, der
 Unmögliches will.
Weil der Mensch nicht dazu verdammt ist, immer
 derselbe zu bleiben.
Weil wir uns den Provinzialismus des Lebens nicht
 mehr leisten können.
 Weil die Liebe mit Mosaiksteinen arbeitet.
Weil wir das Wenige, was wir tun können, auch tun
 sollen: das Eigene.
Weil der Glaube bei seinem Tun die Heiterkeit behalten
 kann, die von Gott kommt.
Weil mein Tun nicht allein den Sinn empfängt, wenn
 Erfolg sichtbar wird.
Weil einer den Weg vorausgegangen ist.
Weil zu seinem Sieg mein Scheitern gehört.

Und weil, wer Mut schöpft, Demut und Sanftmut behält. Und sich vor Hochmut hütet.

35
Reinen Wein einschenken

Das ist ja nun eigentlich wirklich keine Drohung – sondern eine Verheißung! Wie wunderbar ist es, reinen Wein eingeschenkt zu bekommen. Man kann davon trinken und trinken und trinken und bekommt keinen schweren Kopf. Man genießt und wird friedlich und zufrieden.

Vor mir steht die halbe Flasche Grauer Burgunder von meinem Winzer an der Weinstraße in der Südpfalz. Wein trinken heißt auch wein-selig werden, heißt geradezu friedfertig werden, etwas schwer und doch so leicht! Die Welt sieht nach einem Glas Wein ganz anders aus. Maßhalten ergibt sich von selbst. Ich trinke und rufe meiner Freundesrunde Gottfried Kellers Spruch zu:

Trinkt, o Augen, was die Wimper hält,
von dem goldenen Überfluss der Welt!

Reinheit, Klarheit, Wirklichkeit, Schönheit – im Überfluss ... Brot und Wein sind die beiden Elemente. Hervorgegangen aus der Arbeit mit dem Pflug, aus einem Schwert geschmiedet, und geerntet mit einem Winzermesser, das aus einem Spieß geschmiedet wurde. Beides gehört zu meinem »Hausaltar« – und in die Hand zum Arbeiten.

*Ein jeder braucht sein Brot, sein' Wein
und Frieden ohne Furcht soll sein,*

so haben wir es gesungen in jener glücklich berauschenden Nacht, als wir im Lutherhof in Wittenberg 1983 ein Schwert zur Pflugschar umschmiedeten. Wer hatte geahnt, dass wir nur sechs Jahre später nicht nur frei reisen und dann die Einheit erreichen durften, sondern dass auch die wunderbaren Weine uns zugänglich werden würden? Und so gehe ich jedes Jahr mit Freunden in die Südpfalz, um zu herbsten. Wie der Weinstock wurzelt. Sehr tief. Wie wichtig ihm der jeweilige Boden ist! Der Wein nimmt die Erde in seinen Geschmack auf. Er steht am Hang im Weinberg und reift der Sonne zu. Die Traube liegt mir in der Hand, die gelbe, die blaue, die grau-weiße. So üppig, so saftig, so süß.

Der Wein ist die »Frucht der Erde und der menschlichen Arbeit«: Wie schön ist es also, sich nur reinen Wein einschenken zu können.

Doch das Sprichwort wirkt irreführend, denn »reinen Wein einschenken« wird zur Drohung, nämlich die ungetrübte, die schmerzliche, die lang verschwiegene Wahrheit zu sagen. Dem anderen ganz klar sagen, »was ist« – ohne eine Beimengung von Diplomatie, Rücksicht und Vorsicht. Die künstliche Versüßung weglassen und zur Klarheit führen. Das klärt. Das ist gut. Das tut erstmal weh.

Also, schenken wir uns immer reinen Wein ein! Doch es muss die richtige Gelegenheit, der richtige Zeitpunkt sein. Es muss einfach passen. Sonst wird es zu schmerzlich. Am reinen Wein hast du etwas zu kauen, aber auch an der reinen Wahrheit. Das dauert. Doch der Kopf ist freier.

»Le chajim« sagen die Israelis, wenn sie ihren Wein trinken. »Auf das Leben!« Ja, auf das Leben! In reiner Form.

Die Saat aufgehen sehen

»Die mit Tränen säen, werden mit Freuden ernten« – heißt es in jenem wunderbaren Psalm 126, so ergreifend vertont von Johannes Brahms in seinem »Deutschen Requiem«.

Ich hatte nie verstanden, warum man beim Säen denn weinen sollte, bis mir jemand erklärte, dass die im Frühjahr nach einem langen Winter Hungernden das letzte Brotgetreide nahmen, um es in die Erde zu legen, damit neues Brotkorn wachse. Sie säten unter den Tränen des Hungers und vertrauten das Brotgetreide dem Acker an – und nicht der Mühle; eben damit die Mühle bei der Ernte wieder etwas zu tun bekomme und der Hunger gestillt würde.

Ich hatte fast immer einen kleinen Garten – ein paar Jahre lang nicht. Da fühlte ich mich ganz entfremdet. Zum Beispiel kann ich mein Leben lang nicht aufhören zu staunen, mich zu wundern, kopfschüttelnd davorsitzend, wie aus einem so kleinen Sonnenblumenkern eine solche riesige Sonnenblume wird. Welche Kraft darin steckt, welche Lebenskraft durch Erde, Wasser, Sonne. Man kann es nicht fassen. Die Saat aufgehen sehen … auch die Saat meines Tuns und Lassens überhaupt …

Jesus erzählt ein wunderbares Gleichnis – das vom

Senfkorn. Ich kann nur zu gut verstehen, warum er gerade dies Winzige, ganz Unscheinbare zu einem Symbol für das Reich Gottes macht. Dafür möchte ich ihn einfach mal umarmen.

Ein anderes Gleichnis legte er ihnen vor uns sprach: Das Himmelreich gleicht einem Senfkorn, das ein Mensch nahm und auf seinem Acker säte; das ist das kleinste *unter allen Samenkörnern; wenn es aber gewachsen ist, so ist es größer als alle Kräuter und wird ein Baum, sodass die Vögel unter dem Himmel kommen und wohnen in seinen Zweigen.*
Matthäus 13,31–32

Vor fünfzig Jahren habe ich zusammen mit meinem Vater in unserem Garten eine Pappel gepflanzt. Die Pappel ist jetzt so groß wie unsere gotische Hallenkirche. Und ich bange bei jedem Sturm, sie könnte brechen. Es ist die Pappel unseres gemeinsamen Pflanzens. Oft musste ich unsere Ziege und unser ostfriesisches Milchschaf davon abhalten, die saftigen jungen Blätter abzufressen oder die Rinde abzunagen.

Dreißig Jahre meines Lebens habe ich in Seminaren gearbeitet. Zunächst habe ich fünfzehn Jahre lang Pfarrer und Pfarrerinnen bei ihrem letzten Schritt der Ausbildung in das Pfarramt begleitet und dann siebzehn Jahre lang Seminare in der Evangelischen Akademie angeboten. Erst vor Kurzem machte ich mir klar, was *Seminar* heißt: nichts anderes als *Pflanzschule*. So ist diese Arbeit: Immer wieder etwas säen und hoffen, dass die

Saat aufgeht. Immer wieder die kleinen Pflänzchen ausbringen und in einer Mischung aus Fürsorge und Vertrauen zusehen, dass Erde und Temperatur, Standort und Feuchtigkeit so sind, dass sie sich gut entfalten können. Darunter leiden, wenn etwas verdorrt oder wenn das Gesäte weder Blüte noch Frucht bringt. Zugleich nicht aufhören, sich zu freuen, sich zu wundern, staunend vor dem zu sitzen, was da wundersam gewachsen ist. Bei deinen Schülern, bei deinen Kindern, in deinen Enkeln.

Eines der zentralen Gleichnisse Jesu handelt vom Sämann: »Es ging hinaus ein Sämann zu säen seinen Samen … und etliches trug Frucht.«
 Darauf gilt es zu trauen.

Keinen Schaden nehmen an der Seele

Du willst doch was werden.
Du willst doch wer sein.
Du willst was aus dir machen.
Du willst doch gut verdienen.
Du willst doch angesehen sein.
Du willst doch angesehen werden.

Das will doch jeder.
Auf seine Kosten kommen und auf seinen Posten kommen.
Aber wer bist du, wenn du hoch hinaus willst?
Wenn du alles daran setzt, als jemand Höheres zu gelten.
Oder von einem erhöhten Platz aus auf andere herabzusehen.

Da gibt es diesen Satz in der Bibel, der mir seit meinem 18. Lebensjahr wichtig gewesen und geblieben ist:

Was nützt es dem Menschen,
wenn er die ganze Welt gewönne
und nähme doch Schaden an seiner Seele?
Matthäus 16,26

Und dreißig Jahre alt sind die Fragen, die ich mit Jugendlichen aus der Chemiestadt Leuna uns und allen gestellt habe – und die ihren Anspruch nicht verloren haben:

Was nützt es einem Menschen,
wenn er die ganze Welt gewinnt, sein Leben aber
  einbüßt?

Was nützt dir ein berufliches Weiterkommen,
wenn du als Mensch nicht weiterkommst?

Was nützt dir dein Studium,
wenn du darüber versäumst, dich selber zu studieren?

Was nützen dir viele Kumpels,
wenn du keinen Freund hast?

Was nützt dir alles Wissen,
wenn du dabei ein kalter Mensch geworden bist?

Was nützt dir alle Schönheit,
wenn nur deine Schönheit bewundert wird?

Was nützt dir aller Reichtum,
wenn du nicht mehr staunen kannst?

Was nützt es dir,
wenn deine Eltern dich mit allem versorgen, aber kein
  Verständnis und keine Zeit für dich haben?

Was nützt uns ein gigantisches Chemiewerk,
wenn ringsum Welt und Menschen grau sind?

Was nützen uns komfortable Wohnungen,
wenn wir unseren Nachbarn nicht mehr kennen?

Was nützen uns große Neubaugebiete,
wenn sie ohne Poesie sind?

Was nützen uns renovierte Kirchen,
wenn wir dort keine Geborgenheit und Gemeinschaft finden können?

Was nützen uns unsere Glaubensüberzeugungen,
wenn sie uns und andere nicht freimachen?

Was nützen uns alle klugen Gedanken der Welt,
wenn wir nicht den Mut und die Kraft haben, sie durchzusetzen?

Was nützt uns alles Wissen über Gott und die Menschen,
wenn wir keine LIEBE haben?

38

Seine Nase reinstecken

Überall muss »diese Person« ihre Nase reinstecken! Und das nicht aus Interesse, nicht einmal aus böser Neugier, sondern lediglich, um genau das von anderen zu erfahren, was sie gar nichts angeht. Wirklich gar nichts.

Sie möchte sich selber dadurch bestätigen, dass sie die Misshelligkeiten zwischen den anderen, die Schattenseiten und Abgründe eines anderen mit Genuss, ja genießerisch wahrnimmt und sich dadurch einfach besser fühlt, wenn sie weiß, wie »schlecht« die anderen in Wirklichkeit sind.

Das lenkt die Person erfolgreich von eigenem Belastenden und Belasteten ab. Sie fragt einen geradezu unverschämt, schamlos, distanzlos aus.

Das Ausgequetschte quatscht die Person brühwarm bei jeder sich ergebenden Gelegenheit weiter.

Das Klima wird eben nicht bloß durch erhöhten CO_2-Ausstoß verdorben!

Sieh nur zu, dass du nicht beginnst, »dieser Person« zu ähneln …

39 Seinen Weg gehen

Was für eine wunderbare Gewissheit, endlich seinen Weg gefunden zu haben, den ganz eigenen, einen angemessenen und zugemessenen. In dieser Gewissheit kann einer das Unbekannte wagen, das Vorgefertigte meiden. Zu viele sinnieren ewig darüber, welche Wege sowieso nicht gangbar sind. Sie resignieren, bevor sie überhaupt losgegangen sind.

Wie schön auch die fröhliche Zuversicht, das liebevolle, nicht sorgenvolle Zutrauen, das Eltern für ihre Kinder, Ältere für Jüngere aufbringen! Wenn sie gelassen zusehen, wie einer seinen Weg geht, selbst wenn er schwierig und risikoreich ist. Von diversen Umwegen ganz zu schweigen.

Ein Weg entsteht, indem man ihn geht. Das habe ich erlebt. Und so bin ich glücklich, wenn ich meine Kinder gehen sehe. Sie gehen weg und bleiben mir doch so nahe – weil sie ihren eigenen Weg gehen. Nicht meinen. Aber einen, der eine erkennbare, vielleicht gar ähnliche Richtung hat.

Sich die Zeit vertreiben

Zwischenzeiten – zwischen zwei Handlungsabläufen, wo nichts passiert, wo die Zeit einfach vergeht, mit langer Weile, unerträglich lang. Minute um Minute. Da ist es gut, sich die Zeit zu vertreiben mit Unwichtigem, spielerisch am besten – um nicht auf dumme Gedanken zu kommen. Und auch, um der Depression zu entrinnen.

Wohl dem, der in der Lage ist, sich seine Zeit sinnvoll zu vertreiben, ganz aus sich selbst, wer keine Außenimpulse und keine Mittel dazu braucht. Schwer ist das, wenn der Zug vierzig Minuten Verspätung hat und du im Dezember auf dem offenen Bahnsteig stehst.

Noch schwerer ist es, wenn du im Flur auf der Bahre liegst, vor der OP. Und es dauert und dauert und dauert, ehe du drankommst, bis dir die Spritze gegeben wird und du aus der Zeit aussteigst, ins Nichts.

Erich Kästner schrieb:

Denkt an das fünfte Gebot:
Schlagt Eure Zeit nicht tot.

Doch auch der Zeitvertreib gehört zur Lebenszeit, der bemessenen. Jeden Augenblick füllen. Keine Leere erleben, sondern gefüllte und erfüllte Zeit. Sich die Zeit vertreiben können – das ist die Leichtigkeit des Seins, wo wir absichtslos da sind und es einfach genießen können, da zu sein.

Da geschieht das Unerwartete, begegnet das Überraschende, eben jenes Goethe'sche Heideröslein.

Der Spaziergang ist der schönste Zeitvertreib – weil er absichtslos kreative Kräfte freisetzt.

Du, lass uns die Zeit vertreiben und glücklich sein.

Davon kann ich ein Liedlein singen

Es war meist zu einer Zeit, in der es bereits am frühen Abend Stromsperre gab. Dann kamen Vater und Mutter mit einer Kerze in der Hand und sangen uns in die Nacht hinein. In der Finsternis der nächtlichen Albträume erklang dann das Lied: »… so lass die Englein singen: Dies Kind soll unverletzet sein.« Eine Träne rollte in mein Ohr. Abend für Abend. Singen, das ist der innigste und äußerste Ausdruck all der Empfindungen, derer wir fähig sind.

Da blinzelt am Morgen die Sonne durch die Ritzen des Vorhangs. Ich ziehe ihn zurück, bin geblendet, und dann singt es aus mir heraus: »Die güld'ne Sonne, voll Freud und Wonne, bringt unsern Grenzen mit ihrem Glänzen ein herzerquickendes, liebliches Licht.« Wer im Besitz all seiner Sinne ist, der kann die liebe Sonne einfach nur besingen, solange er sich ihrer bewusst wird und ihn nicht Schmerzen plagen. An die Sonne hat Schiller eines seiner schönsten Gedichte gerichtet, und Ingeborg Bachmann weiß: »Nichts Schöneres unter der Sonne, als unter der Sonne zu sein« – und stimmt ein Klagelied an »über den unabwendbaren Verlust meiner Augen«. Meine Mutter hatte eine wunderbare Stimme. Sie sang zu Festgottesdiensten in unserer großen gotischen Hallenkirche einen engelsgleichen Sopran. Sie verlor diese ihre Stimme, als mein Bruder Hans-Christoph starb, mit sieben Jahren, innerhalb von zwei Tagen. Sie hat es nie verwunden, auch wenn wir immer noch sechs Geschwister waren.

Es sind vor allem die Lieder von Paul Gerhardt gewesen, die mir die Höhen und Tiefen des Lebens im Gesang haben nahekommen lassen, die sie ausdrücken und die sie überwinden ließen.

Da singst du mit dem Herzen: »Befiehl du deine Wege und was dein Herze kränkt, der allertreusten Pflege des, der den Himmel lenkt ... der wird auch Wege finden, da dein Fuß gehen kann« – und das singst du bei der Hochzeit und bei der Beerdigung. Du weißt nicht aus noch ein angesichts der Üppigkeit des Sommers und singst von Kindesbeinen an bis ins Greisenalter: »Geh aus, mein Herz, und suche Freud in dieser schönen Sommerszeit.«

So streife ich in den Elbauen durch die Juniwiesen, und da singt's aus mir heraus, mitten im Gesumm der Bienen und Hummeln und im Zirpen der Grashüpfer und während oben über mir die Lerche ihr Lied schmettert. Eine wunderbare Konkurrenz. Da bleib ich stehen, schweige und lausche dem Lied der Natur, den vielen Stimmen, die dem Schöpfer ihr Loblied singen.

Und ach, die menschliche Stimme! Hannes Wader, der so berührende Friedenslieder gesungen hat, singt auf eine ganz erwärmende Weise nun deutsche Volkslieder. Herbert Grönemeyer schreit seine Trauer heraus. Mahalia Jackson »gospelt« ihre innige Beziehung zu dem Gott, der so gut zu ihr ist. Die Texte der »Winterreise« kann man ohne Schuberts Vertonung und Peter Schreiers Stimme im Ohr gar nicht mehr lesen. Und den ganzen Jammer des Lebens empfindest du nach, selbst wenn du es nicht erleben musstest, in den »Kindertotenliedern« Gustav Mahlers – von Hermann Prey oder Elisabeth Schwarzkopf gesungen. Die »Vier ernsten Gesänge« von Johannes Brahms gehen dir nach und immer wieder nahe, auch wenn du nicht weißt, dass Brahms sie schrieb, als die geliebte Clara Schumann sehr krank war. Und da sitzt Champion Jack Dupree an seinem Klavier und singt »no wine, no beer«, und ich bin selig auch ohne Alkohol.

Manches Gesinge geht mir auf die Nerven. Dann merke ich, wie ungerecht es ist, da doch auch populäre Schlager sehr viel von dem transportieren, was uns im Leben bewegt. Doch selber singen ist allemal besser, als am Samstagabend im Sessel lümmelnd die Parade der Volksmusik oder die Herzbuben samt all jenem kommerzialisierten Kitsch anzuhören …

Die evangelischen Kirchen haben zwei wirklich erwärmende Mittel, die sich ganz ans Gefühl richten: die Orgeln und die Choräle – jedenfalls dort, wo sie noch mit wirklicher Inbrunst oder einfach mit innerster Hingabe gespielt oder gesungen werden. »Ich singe dir mit Herz und Mund, Herr, meines Herzens Lust …« Ja: mit Herz und Mund singen! Denn »wes das Herz voll ist, des geht der Mund über«, sagt Jesus (Matthäus 12,34b). Und darum will ich nicht aufhören, das Leben zu besingen. Mit seinen Farben, Gerüchen, allem Erwärmenden und allem Abkühlenden, mit allem, was die Natur uns schenkt, und mit dem, was die Kultur uns beschert.

»Wo man singt, da lass dich ruhig nieder. Böse Menschen haben keine Lieder.«

Beim Studium der Bibel habe ich gelernt, dass die ältesten Texte Liedtexte sind. Ja, der älteste Text der Bibel ist ein Siegeslied, und zwar das einer Frau: Es ist das Lied der Mosesschwester Mirjam über die Rettung Israels am Roten Meer. Außerdem gehören zu den ältesten Stücken der Bibel das Deborahlied, das Weinberglied und all die liturgischen Psalmen, zum Teil mit Refrain, »denn seine Güte währet ewiglich« – und hier höre ich wieder die so schlichte und anrührende Vertonung von Heinrich Schütz, die er mitten im Dreißigjährigen Krieg angefertigt hat.

Die ganze Menschheitsgeschichte ist von Liedern geprägt, von Liebes- und Totenliedern, von Sauf- und Raufliedern, von Marsch- und Paradegesängen, von Lob- und Klageliedern, von Volks- und Kunstliedern, von Protestsongs und Friedensliedern, von Sehnsuchts- und Abschiedsliedern. »Am Brunnen vor dem Tore, da steht ein Lindenbaum …«: In diesem einfachen Kunstlied steckt – in Thomas Manns »Zauberberg« – der Untergang einer alten Epoche mit dem Beginn des Ersten Weltkrieges … Johann-Gottfried Herders »Lieder der Völker« wurden zu einer Völker verbindenden Sammlung, die unser vielfältiges Europa im Lied konstituierten.

Es gibt dann auch noch jenes ambivalente Singen, wenn jemand »vorsingen« muss, eine Chiffre für Verrat, womöglich unter Folter. Im Schrank eingesperrt mussten junge Rekruten im grausigen EK-Unwesen (EK heißt Entlassungskandidaten) bei der Nationalen Volksarmee der DDR als »Musikbox« singen – sich entwürdigend, gedemütigt. Beim Singen wird das Innerste hörbar – auch in diesen schrecklichen Zerrformen, selbst wenn der Schmerz nicht mehr schön klingt.

Aber natürlich möchte ich nicht aufhören zu singen, nicht aufhören, allein zu singen, nicht aufhören, großen Chören zuzuhören – dem vertonten Psalm 8 als Anfangschor der Bach'schen Johannespassion und dem Schlusschor der 9. Sinfonie von Beethoven. »Alle Menschen werden Brüder!« Weil wir nicht ohne Pathos leben können, können wir auch nicht ohne Gesang leben. Und die vielen Lieder ohne Worte! Wir können ein offenes Ohr behalten für den geheimnisvollen Gesang der Wale, für den vergnügten Singsang der Babys und das leicht wimmernde Singen der Greise. Vom Himmel herab wurde gesungen, als unser Herr Jesus geboren wurde.

Und im Himmel wird gesungen werden. So viel ist sicher. Nur, ob es Mozart oder Bach ist, bleibt uns im Moment noch verborgen.

Oder ob nicht auch Robert Schumann oder Arvo Pärt erklingen? Wir dürfen gespannt sein. Und einstweilen unser Liedlein davon singen.

Tritt fassen

Wie oft ist der hingeknallt, der so überaktive, draufgängerische, neugierige, spontane Sohn, richtig hingeknallt, und hat sich Knie und Hände aufgeschürft. Eine blutige Nase hat er sich geholt, wieder und wieder. Und ist erneut losgerannt. Bevor er laufen konnte, rannte er schon. Bis er dann Tritt fasste. Festen Tritt, auch im Laufschritt. Und sicher jede Kurve kriegte. Und jedes Hindernis übersprang.

Ungestüm rannte er durchs Leben. Wollte immer gleich alles ohne Mühe erreichen, kam außer Tritt, stürzend, versank ins Aussichtslose, fand Jahr um Jahr nicht zurück, wusste nicht wohin, da er nicht zurückwollte.

Fiel hin, blieb liegen, suchte gar nicht mehr, Tritt zu fassen. Da traf *sie* auf ihn und nahm ihn, wie er war. Sie sah in ihm, was er selbst nicht mehr sah.

Wunderbares Ungestüm. Und er rappelte sich auf, fasste Tritt. Gab sich Mühe. Rappelte sich hoch. Längst hat er selber Kinder, hat auf so wunderbare Weise Tritt gefasst. Nun stürmt sein eigener Sohn voran, fällt hin. Steht wieder auf. Fasst Tritt. Muss auch er einmal versinken, um wieder aufstehen zu können – oder kann er gleich Tritt fassen?

Nicht alle Hoffnung begraben

Aus dem Erbe meiner Mutter liegt bei mir auf dem Schrank eine kleine silberne Soßenkelle. Sie ist beschädigt, durch den Spaten, mit dem meine Mutter im Jahr 1947 die 1945 weit hinten im Garten vergrabene Kelle wieder aus dem Erdreich ausgrub. Alles andere war unauffindbar. Sie hatte das wenige ererbte Silbergeschirr aus Angst vor Plünderung vergraben – und es war dann auch so: alles, was nicht niet- und nagelfest gewesen war, hatten erst russische Soldaten und dann ehemalige polnische Zwangsarbeiter mitgehen lassen. Als der Vater 1946 nach Hause kam, war der Schrank leer – ganz leer –, und er trug weiterhin seine Kriegsgefangenenuniform.

Von Kindestagen an habe ich mitgeholfen zu graben, den Garten umzugraben, das Gegrabene glattzuharken und den Samen in die lockere Erde zu streuen, die Kartoffeln zu stecken, die Kohl- und die Erdbeerpflanzen einzubringen. In jede dritte Furche wurde der Mist eingestreut. In der Märzensonne im Garten graben und ein Gefühl dafür bekommen, was Mutter Erde ist! *Mutter Erde* und *Muttererde*. Dann Beete einteilen und Wege trampeln. Sechzig Jahre später lese ich bei Franz Kafka: »Wege entstehen dadurch, dass man sie geht« – manchmal sind es Trampelpfade …

Beim Graben geschieht es, dass man etwas ausgräbt, was aus der Tiefe wächst, was tief vergraben war. Alte Wurzeln natürlich. Aber es findet sich im Erdreich auch plötzlich ein Ring, eine Münze, eine Tonscherbe aus der Urzeit. Man muss nicht immer alles ausgraben! Und stößt man bisweilen auf etwas, gräbt man manchmal etwas aus, was tief vergraben war, ist es nicht immer ein Schatz. Da kommt auch mal Konfliktstoff zutage, von dem man dachte, er sei jetzt doch endlich unter der Erde. Bisweilen musst du viel graben. Einfach tiefer graben, um zur Wahrheit zu gelangen. Manchmal findest du etwas, was du lang vergessen hattest, was vergraben war und deine Erinnerung nun wachruft, sie neu bereichert oder dich erschüttert.

Ja, und schließlich graben wir ein Grab. Tief in die Erde wird der Mensch am Ende gelegt. Wir werfen dreimal eine Handvoll Erde auf den Sarg. »Von Erde bist du genommen, zu Erde sollst du werden.« Es ist ein so tröstliches Symbol, wenn wir Menschen einander begraben können. Wenn wir am offenen Grab stehen und den Menschen zurückgeben in die *Adama*, in die Erde, aus der er, der *Adam*, der von Gott behauchte Erdkloß, gekommen ist. Leben aus Mutter Erde, und Ende des Lebens in Mutter Erde.

Wir begraben noch mehr. Träume etwa, wie viele Träume haben wir schon begraben? Und wie schön ist es, wenn wenigstens die Träume in uns wieder auferstehen.

Mit den bloßen Händen kommen wir beim Graben nicht weit; wir brauchen den Spaten, der winters immer wieder rostet und sich an der Erde blankreibt, bis er geradezu blitzt. – Ich habe einen kleinen »Hausaltar«, wo ein zum Winzermesser umgeschmiedeter kleiner Spieß ebenso liegt wie die alte Bibel meines Vaters mit dem weiß-schwarz-rot bedruckten Flanellzeichen »Schwerter zu Pflugscharen« von 1981. Und dort hängt auch ein Titanspaten an der Wand, den mir ein deutscher Soldat aus dem Zweiten Weltkrieg geschickt hat. Er war in sowjetische Kriegsgefangenschaft geraten und hatte in Kälte und Entbehrung überlebt: »dank der russischen Mütter, die Erbarmen mit dem jungen Deutschen hatten«, schrieb er mir. Eben jener Mütter, die selber ihre Söhne in diesem barbarischen Krieg verloren hatten, durch deutsche Soldaten. Viele Jahre später hat er nun, nachdem es seit der Gorbatschow-Zeit möglich war, Kontakt zu den Orten seiner Gefangenschaft aufgenommen, zu den armen Kolchosbauern dort, und hat aus Titan-Raketenmänteln Spaten schneiden und schmieden lassen. Raketenmäntel zu Spaten! Spaten, die die Erde umgraben, damit etwas wachsen kann. Und nicht der Tod das letzte Wort behält.

Wie lang wirkt es nach, wie tief fällt ein Wort, wenn wir sagen oder gesagt bekommen: »Diese Hoffnung kannst du endgültig begraben«? Ich hörte es zum ersten Mal 1968, als die sowjetischen Panzer eine Hoffnung niederwalzten. Da sagte mir einer, der diese Hoffnung nie geteilt hatte: »Die Hoffnung auf eine Gesellschaft, in der Gerechtigkeit und Freiheit zusammenstimmen, die kannst du begraben.«

Und sollten wir am Grab einer Hoffnung stehen: so hat sie es an sich, immer wieder aufzustehen, aufzuerstehen aus den Gräbern unserer Verzweiflung und Niederlagen.

Gegen alle Hoffnung hoffen! Das ist vielleicht die wichtigste christliche Maxime. Und ist da nicht auch das Weizenkorn, das in die Erde fällt und stirbt und neue Frucht bringt?

Graben und hoffen, das stimmt für mich auf eigenartige Weise zusammen. Der Erde stets von Neuem zutrauen, dass sie Leben hervorbringt.

Die Daumen drücken

Wer nicht betet, nicht beten kann oder will, drückt halt die Daumen. Allerweltsrede! Hingeworfene Trostformel, hilflose Geste und doch: das Versprechen, mit dem anderen zu sein in seiner Angst.

Gut zu wissen und einfach schön, wenn einem andere die Daumen drücken: wenn du unters Messer musst, wenn du zu Unrecht angeklagt wirst, wenn dir ein Zahn gezogen wird, wenn du die Prüfung wiederholen musst, wenn du ein Bewerbungsgespräch vor dir hast, wenn du auf einen Befund wartest, wenn dich zuhause richtiger Knatsch erwartet.

Die Daumen drücken, das ist auch ein Fürbitt-Gebet.
Es hat merkwürdige Kraft, dieses Näheversprechen mit geschlossener Hand.

Wenn ich ehrlich bin: Ich drücke für andere öfter die Daumen, als dass ich für sie bete. Und ich weiß doch auch, dass Beten noch so viel mehr ist. Da kommt etwas Drittes, etwas Unverfügbares, etwas Unsagbares hinzu.

Einen Piep zeigen

Wenn der andere so bekloppt ist und so Beklopptes unbelehrbar will, helfen keine Beschwichtigungen, keine Argumente, keine Bitten. Gute Ratschläge und Einwände verfangen nicht. Sie ernten nur immer Lachen. Da bleibt nur noch, einfach einen Piep zu zeigen, den Kopf zu schütteln, die Augen zu verdrehen, kehrtzumachen und den anderen stehen zu lassen.

Wie oft hast du selbst einen Piep verdient und wie schnell bist du zur Hand, wenn der andere Ungewöhnliches denkt, plant und tut …

Sei einfach nicht mehr gekränkt, wenn dir einer einen Piep zeigt. Denk bloß mal nach. Halte einen Moment inne. Und dann mach getrost, was du für richtig hältst.

Die Welt ertasten

Ach, wie schön ist es, dass wir einen Tastsinn haben, die Hand zum Streicheln und unsere Fingerkuppen zum zartesten Berühren, zum Ertasten der Welt – der glatten und rauen, der kalten und heißen, der trockenen und feuchten, der weichen und der harten, der brennenden und der entspannenden, der geschmeidigen und der spitzen Gegenstände.

Die Welt sinnlich erfühlen und sie mit Gedanken und Gefühlen erfüllen. Mit der Hand die Hand streicheln, die knöchrig gewordene Hand der uralten, so geliebten Großmutter und das zerbrechlich weiche Händchen des Säuglings, die Finger, die Handfläche, den Handrücken der Geliebten, die zittrig ängstliche Hand des Kranken. Wie dieses Streicheln auf geheimnisvolle Weise weniger einsam sein lässt.

Die stets warme, mir so mächtig erscheinende Hand meines Vaters konnte so wohltuend sein: tröstend, stärkend, segnend. Ein Streicheln wie ein Segen auf dem Kopf. Wenn mein Vater ein Kind taufte, sah ich eine ausstrahlende Kraft, die sich aus seiner Hand über dem Kopf des Täuflings als Taufwasser über ihn ergoss.

Die Wange, die Haare, die Schulter, die Brust, den – schwangeren! – Bauch, Arme, Beine, Knie des geliebten Menschen streicheln. Für Momente ist die Einsamkeit, dieses Abgespaltensein des Individuums, also des Unspaltbaren, in Freiheit und in Lust überwunden. Und dann erfahren, wie der laue Wind streichelt, wie der warme septembrige Sonnenstrahl uns ein Streicheln schenkt.

Was aber ist schöner? Streicheln – oder gestreichelt zu werden?

Streicheln lasse ich mich gern vom Hauch des lauen Frühlingswindes, vom weichen Gras der Elbwiesen, von der Hand meiner Liebsten und von den winzigen Fingern des kleinen Kindes. Jedenfalls ist das Streicheln die leiseste und intensivste, friedlichste Erfahrung des Lebensglücks, das durch die Fingerkuppe oder durch das leise, leichte, warme Wehen auf uns und in uns kommt.

Streicheln: den Hals des Pferdes, den Rücken der Katze, den Bauch der Schwangeren, das Gesicht des Geliebten, die Schenkel der Begehrten, das Haar des Kindes, die Hand der sterbenden Großmutter, die Wange der kranken Tochter, das samtene Kleid – und das knusprige Brot. Den glatten Marmor ertasten. Alles sich erfühlen, erzitternd: mit den Fingerkuppen dem Leben auf der Spur sein. Sanft. Zart. Vorsichtig. Genießerisch.

Das Ganze des Lebens, das ganze Leben in einer Streicheleinheit.

Dazu gehört selbst das tastende Berühren der zerklüfteten Rinde der alten Eiche, der glatten Haut der mächtigen Buche, der üppigen Brust der barocken Bronzeskulptur in einem Wiener Park, der ebenerdigen bronzenen Cranach-Figur im Wittenberger Cranachhof oder des Fußes des Konstantin im Petersdom.

Doch, was ist das gegen das Streicheln einer warmen weichen Wange?

Im Auge behalten

»Lass sie nicht aus den Augen, behaltet sie immer im Auge«, bat mich der sterbende Vater aus Sorge um seine geliebte Tochter, deren Seele sich phasenweise so sehr verdunkelte, dass der Depressionsschmerz übergroß wurde, dass alle Sorge um sie haben mussten. Es kann ein Erbteil sein, auch ein tragisches. Und doch weiß jeder, dass Für-Sorge Grenzen hat, dass wir Umsorgte nicht umklammern dürfen, dass gar die Freiheit zu einem letzten Schritt bleibt, auch wenn das wahrlich nicht aus freien Stücken geschieht, sondern aus unaushaltbarem Schmerz, aus Ausweglosigkeit, aus Verzweiflung an sich, an allem, an allen. Trotzdem, nötig, notwendend und hilfreich ist jenes Achtgeben, das nie die Hoffnung für den anderen und mit dem anderen aufgibt. »Behalt ihn im Auge«, der immer wieder zurückzufallen droht in die Sucht, die ihn ruiniert. Und doch wissen wir, dass unser Helfen begrenzt bleibt.

(Dreimal musste ich als Pfarrer mir näher bekannte Menschen bestatten, die ich zwar im Auge behalten hatte, die sich aber dennoch aus dem Leben und damit von uns verabschiedeten und uns sprachlos, nach Worten ringend, zurückließen.)

»Behalt ihn im Auge«, den Dreijährigen, den ungeheuer impulsiven, den Gefahren spottenden Draufgänger. Vor allem auf dem vollen Bahnhof. Oder wenn er spielt, da holt er sich doch – nicht nach links und rechts guckend und völlig ohne Angst über die Straße rennend – den Ball zurück, das herankommende Auto nicht beachtend. Und da geht er natürlich auf das dünne Eis schlittern und bricht glücklicherweise nur ganz vorne ein, sodass er wieder herausklettern kann. Und er lacht noch dabei. Mir aber ist nicht zum Lachen zumute.

Oder dies: Mit einem plötzlichen Ruck raste mein Sohn in seinem Sportkinderwagen in die Saale. Im Januar. Ich konnte buchstäblich in letzter Sekunde den Wagen noch ergreifen. Er selbst war schon kopfunter gewesen, aber glücklicherweise angeschnallt. Sein Kissen trieb ab, ich rannte, selbst nass bis zur Brust, mit dem völlig durchnässten Kinderwagen und die etwas größere Tochter auf den Schultern, nach Hause. Ich steckte ihn in die Badewanne, hatte furchtbare Sorge um ihn – er hatte Saalewasser geschluckt und aus der Nase geblutet –, aber auch wegen meiner Frau, die öfter das Gefühl hatte, ich würde nicht genügend achtgeben.

    Ich habe es ihr nie erzählt. Mein Sohn wurde mir zurückgeschenkt.

Es ist schön, es tut gut, Menschen zu wissen, die uns nicht aus dem Auge lassen. Weil sie Liebende sind. Zu meinen Lieblingsgedichten gehört dieses von Bertolt Brecht:

Der, den ich liebe
Hat mir gesagt,
Dass er mich braucht.
Darum
Gebe ich auf mich Acht,
Sehe auf meinen Weg und
Fürchte von jedem Regentropfen,
Dass er mich erschlagen könnte.

Mein Freund Walther ruft mich ganz treu jede Woche einmal an, nur um zu wissen, wie es mir geht und was ich vorhabe und wie es in mir steht. Und ich sorg mich auch um ihn. Denn er hat einen schweren Eingriff hinter sich und beteuert mir immer wieder: man müsse zufrieden sein.

Und ich weiß, dass es ihm nicht gut geht. Aber er ist ziemlich stark. Äußerlich jedenfalls.

Treue Freunde, gute Nachbarn, verständnisvolle Geschwister, liebende und geliebte Kinder, fürbittende Mitchristen – das macht das Glück des Lebens aus, das nicht erlischt, wenn es uns schlecht geht.

Und er, Gott, hat ein Auge auf uns. Tags und nachts. Ich nenne das ein ungreifbares Urvertrauen: »der dich behütet … schläft noch schlummert nicht« (Psalm 121,3–4).

Und wie steht es mit denen, die ein bedrohliches Auge auf uns richten?
Die Stasi behielt mich von 1962–1989 stets im Auge. Ihr wachsames Auge warf »Schild und Schwert« der

Partei auf den »Staatsfeind«. Da sag ich doch lieber: Sie hatten mich stets »im Visier«, diese Geheimbüttel mit ihren Visagen.

Die klerikal-feindlich-negative Person OV (was heißt »Operativer Vorgang« mit regelmäßig geführter Beobachtungs- und Bewachungsakte) mit dem geheim zugeteilten Verschleierungsnamen Johannes, den die PIT (Abteilung Politische Infiltrationstätigkeit) und die PUT (Abteilung Politische Untergrundtätigkeit) mit Hilfe der IMs (Informellen Mitarbeiter) zu umgarnen versuchten, hat die langjährige Zersetzung überlebt und inzwischen auch innerlich überwunden. Der Sarg in der Berliner Normannenstraße stinkt vor sich hin. Der Stasi-Staat ist untergegangen. Ich lebe. Glücklich. Doch nun auch wachsam, wenn diverse Schnüffler von heute sich nicht an Artikel 5 und 10 des Grundgesetzes halten oder sich gar am Artikel 1 des Grundgesetzes, jener unantastbaren Würde des Menschen, vergreifen. Als freier Demokrat möchte ich, solange ich lebe, immer ein wachsames Auge auf die Tätigkeiten jedweder Geheimdienste richten.

Auf Eis legen

Das ist weise. Manches braucht einfach noch Zeit, wird eingefroren, also nicht endgültig weggewischt. Es *ist* nicht erledigt und *kann* nicht schnell erledigt werden.

Jetzt ist es noch zu groß, jetzt ist es noch nicht finanzierbar, jetzt ist es noch nicht mehrheitsfähig, jetzt sind noch nicht alle Folgen bedacht.

Also legen wir es erst einmal auf Eis.

Das kann Ausrede und schlicht die Feigheit sein, etwas zu entscheiden, wenn es an der Zeit ist. Es kann faules Verschieben sein.

Überleg dir genau, was du auf Eis legen willst.

Es gibt ein Verfallsdatum fürs Auftauen.

Und du lebst auch nicht ewig. Deine Tage sind gezählt.

Leg nichts unnötig auf Eis.

Aber lerne zugleich geduldig warten. Bis zum letzten Tag.

Die Zähne zusammenbeißen

Wie oft haben einem die Eltern das eingeschärft: »Mensch, Junge, beiß die Zähne zusammen ... das geht doch vorüber ... so schlimm ist es doch nicht ... bis du heiratest, ist alles vorbei ...«

Wie gern hätte ich die Zähne zusammengebissen, als ich mit 14 Jahren erste Bekanntschaft mit dem Bohrer des Zahnarztes machen musste; unvergesslich dieses Geräusch, das Heißlaufen des Bohrers, geschickt fußangetrieben von meinem »Barbier« – es folgte das buchstäbliche Hochgehen im Sitz bei offenem Mund. Was heißt es da, Zähne zusammenbeißen?!

Der Schmerz hat ein langes Gedächtnis, wenn der nächste Zahnarzt 25 Jahre später ganze neun Stunden brauchte, um mir einen Weisheitszahn herauszuoperieren und verzweifelt und mich herum lief, weil es nicht gelingen wollte. Er litt mit – schickte alle anderen bestellten Patienten wieder weg. Der »Patient« – das ist ein Leidender.

Auch beim elterlichen Zwang, den klumpigen Griesbrei gefälligst aufzuessen, half kein Zähnezusammenbeißen, ich musste es in mich hineinstopfen. Noch heute habe ich Pawlow'sche Übelkeitsreflexe beim Wort »Griesbrei«.

Manchmal hilft nichts, als die Zähne zusammenzubeißen und mutig auf das zuzugehen, was unüberwindlich scheint oder einfach existenzielle Angst einflößt. Jedenfalls ist das besser als schlottern, klagen, jammern, ausweichen, vertagen, verleugnen, sich verstecken, auf die lange Bank schieben.

Wie oft sollte ich erleben, allein zu stehen und Mut zu behalten – im Staat der Angst, im Land der Angstmacher und ihrer subtilen und groben Macht: allein unter mehr als 150 Mitschülern im Blauhemd, beschimpft für alles Versagen in der Christentumsgeschichte; ungewiss über den Ausgang während einer »Befragung« bei der Staatssicherheit; unglücklich und ängstlich, als es an mir war, eine Todesnachricht einfühlsam zu überbringen; schlotternd bei einer nächtlichen Begegnung mit einem riesigen Hund im Halbdunkel eines einsamen Weges; auf einmal verlaufen in einem unendlich sich dehnenden Wald; schmerzverzerrt nach einem Zwanzig-Meter-Sturz vom Kirchturm 1957; schamvoll, als ich einem nahen Menschen persönliches Versagen bekennen musste … Immer hieß es, immer heißt es: Beiß die Zähne zusammen!

Danach aber sich wieder entspannen, sich lösen, dem trockenen Mund ein Glas frisches Wasser, eine Tasse Jasmintee, ein Glas Bier schenken. Sich zusammennehmen – aber auch sich wieder loslassen, also sich nicht verkrampfen, nicht verbissen dreinsehen und gänzlich verbissen werden! Die Zähne nicht fletschen, aber doch die Zähne zeigen – schließlich einfach zu einem Lächeln. Gerade der, der Mut hatte und dabei seine Zähne zusammenbeißen musste, mag ein Fröhlicher werden.

Den Stab brechen

Wie schnell sind wir, wie schnell bin ich bereit, über einen anderen den Stab zu brechen. Bisweilen fühlt man sich selber recht gut dabei, geradezu entlastet, wenn man jemanden findet, über den man – von Selbstgerechtigkeit infiziert – den Stab brechen kann.

Doch das heißt, leicht, zu leicht fertigwerden mit einem anderen, ihn leicht fertigmachen – eilfertig und giftzüngig. Über jemanden den Stab zu brechen heißt, ihn endgültig zu erledigen, zu verwerfen, nichts Gutes an ihm zu lassen, nichts für verständlich oder für erklärbar zu halten, keine Relativierung zuzulassen. Gnadenlos sein, statt ein gutes Wort einzulegen, sich wenigstens einen Moment lang in den Bescholtenen einzufühlen.

Ein öffentlich gemachter Verdacht, gar mehrfach wiederholt, erledigt in der Regel einen Menschen – besonders Prominente. Ich erinnere an den Geheimdienstler John, an den General Kießling, an den Bundestrainer Daum, an den Ministerpräsidenten Stolpe, an die Eiskunstschnellläuferin Pechstein, an die Bischöfin Käßmann. 2010 wird ein populärer Wetterpapst öffentlichkeitswirksam am Flughafen abgefangen und eingesperrt. Selbst wenn er unschuldig sein sollte: Er ist erledigt.

Um den Schatten zu relativieren und um nicht den Stab über seiner Heiligen Kirche brechen zu lassen, erklärt Bischof Mixa aus Augsburg: die Liberalität der 68er-Jahre habe die Übergriffe erst möglich gemacht. Vorwürfe von Gewaltübergriffen, die gegen ihn selbst erhoben werden, bringen ihn in schwere Erklärungsnot, zumal diese Vorwürfe weiter zurückreichen als in die geschmähten 68er-Jahre ... Nach einigem empörten Abstreiten jeder Gewalttätigkeit, kann er schließlich »die eine oder andere Watschn«, die »damals vollkommen normal« gewesen sei, nicht ausschließen.

Der Stasiunterlagenbeauftragte des Landes Sachsen-Anhalt, Gerhard Ruden, hatte einen besonders scharfen Besen, brach recht eilfertig den Stab über andere und glaubte bedingungslos den Akten. Nun bittet er selbst darum, dass man den Stab nicht über ihn brechen möge – man solle doch die damaligen Umstände berücksichtigen. Wie wahr, wie wahr. Und er fügt hinzu, wer die Klappe damals so weit aufgerissen habe, hätte doch selber wissen können, was ihm blüht. In einer »Befragung« hatte er einen Freund schwer belastet. Ohne Not? Der Beschuldigte, über den er in einer Stasibefragung Auskunft gegeben hatte, hat fünf Jahre bekommen.

Wo wir aufhören, immer gleich den Stab über jemand zu brechen, lassen wir ihr oder ihm eine Chance. Wir urteilen nicht endgültig, schließen nicht von einem bedauerlichen Vergehen, einem enttäuschenden Versagen, einer unbegreiflichen Rechtsverletzung oder auch einem affektgetriebenen Verbrechen aufs Ganze, gar aufs Ganze der Person, die fortan keine Chance mehr auf unsere

Achtung oder unser Verzeihen hat. Das Einzelne ist nie das Ganze; eine Person ist nicht mit der Tat zu identifizieren, wiewohl die Tat zu der Person gehört, weil sie von dieser zu verantworten ist.

Wie tröstlich ist es, wenn man Menschen kennt, die niemals den Stab über einen brechen würden; auch nicht, wenn wir sie enttäuschten. Das ist schwer. Das ist groß. Das macht nichts ungeschehen. Das ist Liebe ohne Herablassung.

Denn Veränderung, ja Umkehren und Umdenken ist möglich. Welch Glück, wieder eine Perspektive zu bekommen und aus anderer Perspektive gesehen zu werden, statt lebenslang auf seinen dunklen Punkt zu starren oder immer neu darauf gestoßen zu werden! Es ist das Glück des Lebens schlechthin, dass Gott *nicht* den Stab über mir, über dir, über dem Menschengeschlecht, über uns allen bricht – trotz babylonischer Türme, trotz mörderischem Gebaren und schmählichem Verrat, trotz politischer Verirrung, trotz des Missbrauchs gerade des Heiligen, trotz unserer Anschläge auf die Wunder der Schöpfung. Er bricht nicht den Stab über uns Menschen – sondern sagt: »Kommt wieder, Menschenkinder!« (Psalm 90,3)

Vertrauen schenken

Es ist immer ein Risiko, jemandem Vertrauen zu schenken. Das heißt ja, ihm zu glauben, durch gute Erfahrung mit ihm bestärkt oder nur mit einem guten Grundgefühl, ohne irgendeine Sicherheit zu haben. Instinktiv macht ein anderer einen vertrauenswürdigen Eindruck, weckt Zuversicht, dass er uns nicht enttäuscht, dass seine Worte auch meinen, was sie sagen, dass er seine Versprechungen einlöst, dass sie gar für ihn selbst mit aller ihm zur Verfügung stehenden Kraft und Fähigkeit gelten. Burschikoser formuliert: »Mit dem kann man Pferde stehlen!«

Welch ein Doppelsinn aber, wenn man sagt, man wolle Vertrauen »schenken«. Ist das Vertrauen des anderen nicht eher eine Verpflichtung für mich als ein Geschenk? Und doch ist es *auch* ein Geschenk – weil ich spüre: ein anderer will nicht irgendwelche Sicherheit, sondern er glaubt mir. Er schenkt mir Vertrauen, er geht in Vorleistung, er sichert sich nicht ab. Und so würdigt er mich, den Beschenkten und zugleich Verpflichteten.

Vertrauen: Da sagt mir einer die Wahrheit.
Sie hält ihr Versprechen.
Er gibt mir das Geborgte zurück.
Sie verschleudert nicht, was ich ihr anvertraut habe.

Er haut mich nie in die Pfanne, wird sich niemals dazu überreden lassen. Von keiner Macht der Welt. Schon gar nicht mit Geld.

Er glaubt, dass ich es gut meine.

Sie appelliert nicht an mich, will auch keine Sicherheit, sie stellt keine Forderung, sie gibt mir etwas im Voraus, was mich adelt und mich zugleich verpflichtet.

Vertrauen schenken: dem Freund und der Nachbarin, der Frau, dem Liebsten und der Tochter, dem Anwalt und der Lehrerin.

Vertrauen schenke ich meinem Arzt und meinem Steuerberater, meinem gewählten Abgeordneten und dem Piloten, in dessen Flugzeug ich sitze, dem Bauern, dessen Produkte ich esse.

Einem anderen Vertrauen schenken heißt, ihn als Mensch, als Mitmenschen, als Menschen mit aufrechtem Gang zu würdigen und hochzuschätzen. Wie schön, Menschen um sich zu haben, denen man sein Vertrauen schenken kann. Vertrauen schenken heißt Leben schenken!

Freilich, auch das Wort Vertrauen konnte missbraucht werden – und zwar nicht nur durch den, der es nicht wert war, der es verspielt hat, der es nicht einlösen konnte, sondern noch mehr dann, als Machthaber es für sich gebrauchten und zynisch missbrauchten. Zu DDR-Zeiten berichtete die Zeitung häufig von »vertrauensvollen Gesprächen« zwischen Staatsgästen und den Staats- oder Parteioberen. Das bedeutete nichts anderes, als dass die Mächtigen meinten, die hohen Gäste oder die Ohnmächtigen hätten ihnen zugestimmt und man hätte auf geheime Weise Gemeinsames verabredet. Aber in Wirklichkeit war alles meist Verschleierung oder gar reine Lüge. Es war die Demonstration der Macht, die die anderen, die Ohnmächtigen verpflichtete, zur Macht Vertrauen zu haben. Solche »vertrauensvollen Gespräche« fanden vermehrt vor den sogenannten Volkswahlen statt, die wiederum keine Wahlen waren, sondern »vertrauensvolle« Zustimmungsakte zur »guten Macht der Arbeiterklasse«. Gemeint aber war Linientreue mit Unterwerfung, Gehorsam und Angst vor den Mächtigen, die sich im Besitz der historischen Wahrheit und deshalb der prinzipiell guten Macht wähnten.

Und einen schrecklichen Missbrauch dieses Wortes gab es bei der Staatssicherheit, wenn sie ihre Zuträger, ihre kleinen Spitzel, die man heute unter dem Stichwort IM handelt, danach bewertete, ob sie »vertrauensvoll« wären. »Vertrauensvoll« waren sie dann, wenn sie ganz exakt alles weitererzählten, was in den privaten, geschützten und freundschaftlichen Raum gehört hatte. Ein Spitzel vertrauensvoll? Die Folgen seiner »vertrauensvollen Zusammenarbeit« mit dem Mielke-Orwell-Kartell konnten für andere zerstörerisch sein.

Seit 35 Jahren hat mich ein Gedicht des damals noch in Siebenbürgen unter den noch schärferen Augen des rumänischen Geheimdienstes *Securitate* lebenden Franz Hodjak bewegt, betroffen, gestärkt. »Das Vertrauen« heißt es. Wir haben es damals in den Schaukasten am Lutherhaus gehängt, genau dort, wo einst der Mönch Martin Luther entdeckte, dass das Gottvertrauen die entscheidende Kraft des Glaubens ist – und nicht die Angst vor einem Gott, den man durch tägliche, von Angst getriebene Anstrengung beschwichtigen müsse.

wenn wir am ende sind hilft es uns weiter

es schläft weder tag noch nacht
es gibt nicht auf
es beginnt stets von neuem

es scheut große worte
es scheut das geflüster
es scheut das schweigen

es öffnet uns voreinander

auf nichts lässt sich
beständiger baun
und nichts ist so unbeständig

es lässt sich nicht ausrufen
man kann es nicht abschaffen
es ist unberechenbar

es wächst sehr langsam
und schrumpft sehr schnell

es ist stofflos
es ist farblos geruchlos geschmacklos
und doch spüren wir sofort
seine gegenwart

es redet uns zu
es stärkt unser selbstbewusstsein
es gibt uns kraft

selbst aber ist es zu schwach
um zu uns zu kommen

man muss es immer wieder
uns entgegenbringen

Ja, man muss es uns immer wieder entgegenbringen. Wer Vertrauen geschenkt bekommt, bekommt auch Kraft, das Vertrauen zu rechtfertigen.

So viel Besudelung des wunderbaren Wortes VERTRAUEN – durch Gleichgültigkeit, Gewissenlosigkeit oder Verrat selbst des Vertraulichsten.

Aber es erweist sich doch als stärker als sein Missbrauch, widerstandsfähiger, zäher, wärmer, belebender.

Zur Quelle gehen

Zum Quellwasser gehen: das ist ein Osterglück. Aus dem Röhrbrunnen habe ich am Ostermorgen bei Sonnenaufgang das Osterwasser geholt, um damit zwei Kinder und drei Erwachsene zu taufen. Mit Quellwasser. Alle sind eigentümlich berührt. Gewöhnliches Wasser wird zu heiligem, geheiligtem Wasser. Das Osterwasser wird aus Quellen des Lebens geholt. Osterwasser darf nicht versiegen – es ist das Wasser neuen Lebens. Hierorts in Wittenberg ist es das Wasser aus den Quellen des Fläming: Cranach-Wasser aus dem fünfhundert Jahre alten Röhr-Wasserbrunnen. Auch im Bugenhagen- und im Luther-Hof fließt es. Johannes Bugenhagen war der große Seelsorger der Reformation, der vielen half, frei zu werden von Schuld und Bedrückung. Er wurde zum Beichtvater Luthers. Er brauchte ihn häufig, dieser oft in sich zerworfene Reformator, der sich täglich vergewissern musste: *baptismus sum* – »ich bin getauft«. Spätere haben ihn in heldische Standbilder verfestigt.

Quellwasser – Taufwasser: das ist Waschwasser der Schuld, Frischwasser der Gnade, Quellwasser der Erkenntnis.
Die Taufe stiftet Gemeinschaft. Mit Ihm und untereinander. »Eine Handvoll Wasser, die mir zwischen den

Fingern zerrinnt, ist nicht weniger wertvoll als eine Handvoll Diamanten«, schreibt Ernesto Cardenal. Das Kostbarste haben wir in unseren Breiten noch fast täglich umsonst. Ehrfurcht vor dem Leben zeigt sich als Ehrfurcht vor dem Wasser, denn ohne Wasser gibt es kein Leben.

Etwas zu waschen heißt auch, etwas zu verschmutzen. Etwas zu verschmutzen, was sich dann selber reinigen muss. Überfordern wir das Wasser nicht, wenn wir es verschmutzen, während wir uns säubern, wenn wir es mit Schadstoffen belasten, während wir mit seiner Hilfe saubere Güter produzieren – oder eben ganz weißes Papier, das so unschuldig nicht ist. Wenn wir bedenken, wie viel Wasser es verbraucht hat! Wir waschen uns, waschen Schmutz ab, waschen einander. Wir waschen unsere Hände in Unschuld. Eine Hand wäscht die andere.

Pilatus wäscht sich die Hände. Jesus wäscht anderen die Füße. Die Frauen waschen seinen Leichnam. Im Frühtau begegnen die Frauen, die den Leichnam gewaschen hatten, dem Auferstandenen. Am Ostermorgen.

Nach schweißtreibender Arbeit trinke ich aus der hohlen Hand. Die Hand, das ursprünglichste Gefäß. Da wird Schlürfen gleichzeitig ein Benetzen, Erfrischen des Gesichts und erfrischendes Getränk: Wer einmal richtig Durst hatte, weiß, was das für ein Labsal ist.

Wasser ist Leben. Schützen wir das Wasser, schützen wir das Leben. Denn Leben braucht Wasser. Beständig.

Der Aland ist neben der Jeetze der wichtigste Fluss in der Altmark. Da bin ich zuhause. Der Aland entspringt in Räbel an der Elbe. Da bin ich also als kleiner Junge hingefahren, weil mein Vater mir sagte: »Such mal die Quelle!« Ich kam enttäuscht zurück. Der Aland entsprang auf einer Wiese neben einem Bauernhof. Aber diese Quelle wurde bereits am Anfang – und das ist jetzt 55 Jahre her – mit Jauche vermischt.

Zwischendurch aber, wunderbares Geheimnis der Natur, dreißig Kilometer weiter, in Seehausen, da konnte ich schon drin baden. Wunderbar sauber war der Aland, bis etwa 1960. Welche Selbstreinigungskraft hat die Natur! Aber eben nicht unbegrenzt.

1985 fuhren wir mit Freunden zusammen in die damalige ČSSR und haben die Elbquellen besucht. Das hatte etwas ganz Spannendes! Wo kommt so etwas her? Es quillt aus vielen, vielen kleinen Quellen. Man nennt es das Quellgebiet. Wir waren ein bisschen enttäuscht. Wir hatten uns das irgendwie dramatischer vorgestellt, aber da gab es nichts Spektakuläres.

Und wir sind dann durch jenes wunderschöne Elbtal im Quellgebiet gegangen, wo die Elbe inzwischen zu einem kleinen Bach geworden ist. Und wir erschraken. Links und rechts ragten die Gerippe unserer Zivilisation in den Himmel. Riesengroße Bäume, Jahrhunderte alt, kaputtgegangen, weil die Luft versäuert ist, durch Abgase riesiger Kohlekraftwerke im Dreiländereck.

Schon an der Quelle lauert die Gefahr. Wir müssen unsere Quellen schützen, wenn wir leben wollen. Das Wasser, das täglich erfrischende Nass, preisen. Das frische Wasser genießen, auch das Wasser, aus dem Saft, Bier und Wein werden.

Flüsse speisen sich auf ihren langen Wegen aus vielen Zu-Flüssen. Sie fließen in einem Strom zusammen. Das gilt auch für geistige Ströme, die aus verschiedenen Quellen stammen: zusammenfließen und jeweils die Erinnerung an ihren Ursprung erhalten. Die Quelle ist im Reich des Geistes auch ein Symbol für Anfang und Reinheit. Wer Theologie studiert hat und an die Quellen der Schrift herangeht, merkt: schon am Anfang, an der Quelle, war auch nicht alles so, wie wir es uns denken. Selbst an den Quellen gab es schon ganz normales Leben, wenn wir uns die ersten christlichen Gemeinden anschauen mit ihren tiefen Konflikten.

Und berichtet nicht die Bibel, kurz nachdem der Mensch in den wunderbaren Garten Eden gesetzt wurde, um den die beiden Urströme flossen, schon von einer Grenzüberschreitung? Eine folgenreiche. Schon an den Quellen beginnt unsere Aufgabe. Nicht erst später. Nichts auf dem verschlungenen Wege unseres Lebens – wie auf den Wassern des Lebens – bleibt sauber. Vieles sinkt ab. Manches verdirbt.

Es ist eine Gnade, dass sich so vieles unterwegs wieder klärt. Ohne Wasser kann keiner leben. Wunderbar sprudelnd, gefährdet, verdorben. Und es klärt sich wieder.

Zurück zu den Quellen! Zurück zu den Ursprüngen! Das war der Schlachtruf, der Glaubensruf der Reformation wie auch der Renaissance. Quelle und Lebensfluss haben ihre Weisheit. Wasser-Weisheiten, durchaus mit Verwässerungs-Erfahrungen, die wir mit uns selbst machen. Der Natur folgen, die ihre eigenen, klärenden Gesetze hat.

Flussläufe haben jahrtausendealte Weisheit. Ein Fluss muss mäandern, wenn er ein Fluss bleiben und keine Wasserrinne mit Gütertransportschiffen sein will.

Nicht zufällig wurde beim Bau unserer Kirchen die vollständige Geradheit vermieden. Wir haben der Natur ihre Weisheit abzulauschen und sie uns zugleich nutzbar zu machen, freilich sie auch auszunutzen. Nicht ohne sie leben, nicht gegen sie leben. Die Mutter Natur, die *mater*, die *materia*. Sonst richtet sie sich gegen uns.

Schönheit und Nützlichkeit hängen zusammen wie Emotion und Vernunft. Die Emotionalen sollten die Vernünftigen nicht verachten und die Vernünftigen nicht die, die eher emotional reagieren. Wer die Schönheit der Landschaft will, soll nicht auf diejenigen herabsehen, die nach dem Nutzen fragen. Und die nach dem Nutzen fragen, sollen jene nicht verachten, die danach fragen, wo denn die Schönheit bleibt.

Am Wasser entscheidet sich unsere Zukunft. Der Kampf um diese lebenswichtige Ressource ist längst weltweit im Gange.

Immer und überall sprudeln Quellen.
Sie versiegen, sie werden verunreinigt
sie klären sich wieder und werden wieder geklärt:

Quelle, Rinnsal, Bach, Fluss, See, Meer,
Hochwasser, Niedrigwasser, Springflut, Sintflut,
Nieselregen, Landregen, Platzregen, Gewitter,
Süßwasser, Brackwasser, Salzwasser,
Grundwasser, Trinkwasser, Giftwasser,
Abwasser, Kloake, Gülle,
Eis, Schnee, Hagel, Nebel, Wolken, Dampf, Tau,
Wischwasser, Waschwasser, Taufwasser,
Tropfen, Tränen.

Tränen der Freude und Tränen des Leides, Tränen der Rührung und Tränen der Trauer.
    Aber wir haben davon gehört: Einer wird alle Tränen abwischen. Einer hat reines Wasser umsonst. Die Schuld ist abgewaschen.

Das letzte Buch der Bibel ist die Offenbarung – und ihre Verheißung preist, dass es »Wasser umsonst gibt!«:

Und wen dürstet, der komme;
und wer da will, der nehme
das Wasser des Lebens umsonst.
Offenbarung 22,17

Von Kopf bis Fuß –
»mit Herzen, Mund und Händen«

Den Nerv treffen.
Sich in die Brust werfen.
Sich ins eigene Fleisch schneiden.

Eine weiße Weste haben.

Unser Kopf
Den Kopf verlieren.
Den Kopf in den Sand stecken.
Den Nagel auf den Kopf treffen.
Den Kopf einziehen.
Auf den Kopf fallen.
Sich den Kopf zerbrechen.
Atem holen.
Nicht aus dem Kopf gehen.
Kein Haar krümmen.
Die Stirn bieten.
An den Haaren herbeiziehen.
An die Gurgel gehen.

Unsere Augen
Auf die Tränendrüsen drücken.
Aus den Augen gehen.
Ein Auge zudrücken.
Keine Träne nachweinen.
Nicht mit der Wimper zucken.
Krokodilstränen weinen.
Den Blick schärfen.

Unsere Ohren
Die Ohren spitzen.
Einen Floh ins Ohr setzen.
Ein Ohr dafür haben.
Tauben Ohren predigen.
Die Ohren anlegen.
Die Ohren steifhalten.
Mit den Ohren schlackern.
Hinter die Ohren schreiben.
An den Ohren ziehen.

Unsere Nase
Eine Nase drehen.
Den richtigen Riecher haben.
Die Nase rümpfen.
An der Nase herumführen.
An die eigene Nase fassen.
Auf die Nase fallen.
Den anderen nicht riechen können.
Die Nase voll haben.

Unser Mund
Sich den Mund verbrennen.
Sich das Maul zerreißen.
Nach dem Munde reden.
Kein Blatt vor den Mund nehmen.
Auf den Geschmack kommen.
Sich die Zunge verbrennen.
Den Mund stopfen.
Die bittere Pille schlucken.
Die Schnauze voll haben.
Die Suppe auslöffeln.
Große Töne spucken.
Den Mund zu voll nehmen.
Das Maul halten.
Nach Luft ringen.
Staub fressen.
Lippenbekenntnisse sprechen.

Unsere Zähne
Den Zahn ziehen.
Sich die Zähne ausbeißen.
Die Zähne zeigen.
Einen Zahn zulegen.
Auf dem Zahnfleisch kriechen.
Aus dem letzten Loch pfeifen.
Mit den Zähnen klappern.

Unser Hals
An die Gurgel gehen.
Den Hals nicht voll kriegen.
In den falschen Hals kriegen.
Sich die Seele aus dem Hals schreien.

Unser Bauch
Im Magen liegen.
Mit Bauchschmerzen zustimmen.
An die Nieren gehen.
Über die Leber laufen.
Den Bauch vollhauen.
Gift und Galle spucken.

Unsere Schultern
Die Nackenhaare sträuben sich.
Das Rückgrat brechen.
Auf die leichte Schulter nehmen.

Unser Herz
Das Herz aufgehen lassen.
Sein Herz ausschütten.
Nicht an Herzdrücken sterben.
Mit Herzblut schreiben.
Aus ganzem Herzen sprechen.
Ein Stein fällt vom Herzen.

Unsere Arme
Die Flügel hängen lassen.
Die Ärmel hochkrempeln.
Die Muskeln spielen lassen.
Aus dem Ärmel schütteln.
Auf den Arm nehmen.

Unsere Hände
Die Hand reichen.
Alle Fäden in der Hand haben.
Letzte Hand anlegen.
Die Hand im Spiel haben.
Das Heft in der Hand behalten.
Die Hand aufhalten.
Sich die Hände schmutzig machen.
Sich die Pfoten verbrennen.
Mit den Händen ringen.
Die Fäuste ballen.

Unsere Finger
Keinen Finger krümmen.
Die Finger im Spiel haben.
Durch die Finger sehen.
Um den Finger wickeln.
Die Daumen drücken.
Aus den Fingern saugen.
Den kleinen Finger reichen.
Sich die Finger verbrennen.

Unser Hintern
Sich auf den Hosenboden setzen.
Einen kalten Arsch kriegen.
In den Arsch kriechen.
Krümel kacken.
Den Hintern hochkriegen.

Unsere Beine
Ein Bein stellen.
Auf dem Sprung sein.
Sich kein Bein ausreißen.
Auf die Knie fallen.

Unsere Füße
Fuß fassen.
Mit Füßen treten.
Aus den Pantinen kippen.
Sich auf die Socken machen.
Mit den Füßen scharren.
Die Hacken zusammenschlagen.
Auf die Füße treten.
Die Füße küssen.

Unsere Haut
Seine Haut zu Markte tragen.
Aus der Haut fahren.
Sich eine dickere Haut zulegen.
Auf der Bärenhaut liegen.
Eine dünne Haut haben.
Sich den Pelz verbrennen.

Unser Blut
Blut lecken.
Blut und Wasser schwitzen.
Herzblut lassen.
Bis aufs Blut reizen.
Sein Fleisch und Blut erkennen.
Sich mit Fleisch und Blut engagieren.

Anmerkungen

Zitate aus:

Die Bibel. Vollständige deutsche Ausgabe. Freiburg 1965

Gottfried Keller, Abendlied, aus: Gedichte in einem Band, Frankfurt/Main 1998

Bertolt Brecht, Auslassungen eines Märtyrers, Frankfurt/Main 1978

Bertolt Brecht, Gedichte über die Liebe, hg. v. Werner Hecht, Frankfurt/Main 1984